레알에코노믹

책임과 윤리의 전면적인 붕괴가 가져온 세계 경제 위기,
우리는 이제 어떻게 할 것인가?

도덕성이 생존의 열쇠이다!

레알에코노믹
REALECONOMIK

그리고리 야블린스키 지음

안토니나 W. 부이스 · 임재서 옮김

말글빛냄

레알에코노믹(Realeconomik)

탈법과 부패, 심지어는 폭력을 정치적,경제적 갈등을 해결하기 위한 수단으로 사용하는 관행 등이 팽배해 있는 상태를 말하며 저자인 야블린스키가 명명했다.

불안을 야기한 경제 정책 및 경제에 대한 사고방식이 공동선과 경제적 안정성보다 기득권에 더 크게 좌우되었다는 사실. 정직하고 책임 있는 접근보다 잘못된 전제, 그리고 불편한 경제 현실에 대한 의도적 무시에 기반을 두고 정책이 결정되었고 이기적으로 행동하는 정책 수행자들이 오히려 명망과 승진, 높은 연봉, 다양한 특전 등으로 보상받고 개인적인 리스크와 책임을 회피하는 상황이 벌어졌다. 이러한 정책 결정 방식이 바로 레알에코노믹의 토대이다. 기회만 있으면 엄격한 윤리적 규범의 틀에서 벗어나 행동하려는 성향이 바로 레알에코노믹의 특징이다.

금융 부문의 안정성을 해치는 리스크가 쌓여가고 있는데도 금융 당국이 적절한 반응을 할 수 없는 상황을 조성한 주범이 바로 레알에코노믹이다. 건강하고 효율적인 경제 시스템을 얻고 계속되는 경제 위기를 타개하기 위해서는 '레알에코노믹' 을 부추기는 사고방식을 버려야 한다고 저자는 강조하고 있다.

바흐를 연주하는 사람들에게 위기란 없다.
– 음악학교에서의 대화

　3년 전이었다면 이런 책을 쓰는 게 아무 의미가 없었을 것이다. 긍정적인 반응을 기대할 수 없었기 때문이다. 그러나 지금은 상황이 다르다. 두 가지 변화 때문이다. 첫째는 2007~2009년의 금융위기이다. 이 위기 때문에 교양층의 적지 않은 사람들이 현 세계 경제의 바탕에 도사리고 있는 근본적인 문제에 더 깊은 관심을 기울이게 되었다.

두 번째는 미국 대통령 버락 오바마의 금융 정책에 관해 벌어지는 작금의 논란이다. 덕분에 예전보다 이 문제에 관해 심각하게 논의해 볼 여지와 기회가 생겼다. 그리고 이것이 더 중요한 사항이다.

이러한 변화가 생기기 전에는 이 문제에 관한 어떤 논쟁도 금세 잊히기 일쑤였다. 그래서 적절한 순간이 올 때까지 기다리는 수밖에 없었다.

이 책의 제목과 부제, 즉 《레알에코노믹: 도덕성이 생존의 열쇠이다!》는 이 책의 핵심을 잘 보여준다. 현대 자본주의가 이상이나 도덕, 원칙이 아니라 돈과 권력에만 관련되고 말았다는 사실이 바로 위기의 원인이라는 것. 나는 여기서 '레알에코노믹'이라는 단어를 '레알폴리틱'과 유사한 용어로 쓰고 있다. 알다시피 '레알폴리틱'은 현실의 권력 관계에 부합하는 실용적인 정치로 행세하고 있지만 사실은 냉소주의와 강압 정치, 초(楚)도덕성 같은 마키아벨리식 원칙들로 이뤄진 정치를 뜻하는 경멸적인 용어이다.

아마도 오늘날의 경제학은 이 책에서 제기한 몇몇 구상들을 받아들이지 않을 것이다. 이러한 구상을 2008년 상반기에 출판했더라면, 기껏해야 과거로 퇴행하는 저자, 최악의 경우에는 현 사태나 경제에 무지한 저자라는 평판을 들었을 것이다. 지금도 나는 경제·경영 분야의 트렌드세터들의 의견이 바뀌었을 것이라는 희망은 별로 품고 있지 않다. 그러나 '21세기 초의 대불황' 혹은 '1930년대 이후 최장 기간 지속된 미국의 경기 침체' 등으로 불리는 이번 사태 때문에 적지 않은 사람들이 이 책의 주장을 진지하게 검토할 것이라고 믿는다.

불행하게도 독자들이 이 책에서 보게 될 논리는 현재 철지난 관념 취급을 받고 있다. 세계가 제2차 세계 대전의 폐허에서 벗어나기 위해 안간힘을 썼던 1950년대만 해도, 내가 이 책에서 논의한 생각들이 공적 토론의 주요 이슈였다. 하지만 오늘날 많은 사람들은 그런 주제들이 설령 선동적인 생각까지는 아닐지라도 정치적으로 부정확한 생각이라는 견해를 갖고 있다. 오늘날 각 분야에서 활발하게 활동하는 서구의 정치가, 기업가, 경제학자의 한 세대 전체가 도덕과 경제 혹은 윤리와 정치의 관계를 진지하게 검토할 기회도 없이 성년에 이르렀다는 사실을 유념해야 한다.

동유럽의 경우는, 특히 포스트─소련 시기에는, 그런 문제가 아예 논의선상에 오르지도 않았다. 비즈니스는 오직 이익에 의해서만 판단해야 한다는 게 당연시되었다. 공산주의 시기의 지도자들을 계승한 정치인들(대개는 공산주의 지배 계급의 일원이었다)은 전체주의에서 시장 민주주의로의 이행을 선언했지만, 실제로는 시장 자본주의에서는 (과거의 공산주의 시절에 배운 대로) 오직 이익만이 중요하다(이것이 레알에코노믹의 중심 생각이다)는 포괄적인 확신에 사로잡혀서 정치의 본성에 대한 가장 몰염치하고 냉소적인 견해를 받아들였다.

나는 도덕적 판단을 내릴 생각이 없다. 오히려 사태를 객관적으로 기술하고 분석적으로 논의할 생각이다. 도덕적인 설교를 늘어놓는 게 아니라, 통상적으로 공적인 논의 대상이 되지 않는 영역, 다시 말해 많은 사람들이 속으로만 생각하는 것들에 대해 쓰는 게 나의 목적이다. 이 책에서 제기한 내 의견의 바탕에서 어떤 도덕적 판단을 감지할 수는 있겠지만, 나는 되도록 편견 없이 쓰려고 노력했다. 특정한 누군가를 인색하다거나 부도덕하다는 이유로 비난할 의도는 없다. 나에게 나의 동료나 다른 사람들을 평가할 수 있는 권리가 있다고는 추호도 생각하지 않는다. 그런 것은 결코 나의 과제가 아니다.

나는 현 세계의 경제적·도덕적·정치적 위기의 근본 원인들에 대한 내 나름의 견해를 일목요연하게 설명하려고 했다. 그 중 일부는 몇 년 동안의 탄탄한 학문적 노력을 통해 검증될 필요가 있다. 그럼에도 불구하고 나는 지금 이 책을 출간하자는 예일 대학교 출판부의 제안을 수락했다. 현대 사회에서는 시간이 무척 빠르게 흐른다. 그래서 지금 우리 눈앞에서 펼쳐지는 사태를 이해하는 데 꼭 필요한 결정적인 사항이라면, 지금 당장 명확하게 진술해야 한다는 절박함을 느꼈다.

이 책의 기본 전제는 대불황의 성격이 결코 경제적인 것만은 아니라는 데 있다. 심지어는 경제적인 요인이 주된 요인조차도 안 된다는 데 있다. 대불황은 일부 전문가들이 주장하는 것처럼 정부 당국이나 최고위 경영자들의 무사안일주의나 무책임에서 비롯된 결과도 아니다. 근본 원인은 더 심층적인 곳에 있다. 개인적 가치와 사회적 가치, 도덕적 지침, 공적 통제 등을 통괄하는 사회의 일반적인 규칙들(그리고 그 규칙들이 따르는 논리)이 문제이다. 이러한 문제들은 통상적으로 생각하는 것보다 훨씬 더 심각한 사항이며 경제 활동에도 더 커다란 영향을 미친다.

학계의 연구자들이나 정부의 정책 담당자들은, 엄격한 규칙을 새로 정한다거나 그런 규칙 시행에 공적인 통제를 가한다거나 특정 금융 활동에 대해서는 세금을 부과한다거나 하는 식의 (많은 사람들이 제안한 바 있는) 이 위기에 대한 비교적 정교한 대응 방식조차도 근본 문제를 해결할 수 없다는 사실을 직시해야 한다. 근본 문제는 경제적인 문제가 아니기 때문이다. 단순하게 "위기에 돈을 쏟아 붓는 것"만으로는, 설사 수많은 관료와 기업가들의 금융 비밀을 들춰내게 되더라도, 거의 아무것도 이룰 수 없다.

이러한 문제들에 꼭 맞는 기성품 해답 같은 게 있을 리 없다. 하지만 나는 이 책이 또 다른 거품 경제 폭발이나 고실업 지속 상태, '뉴노멀(New Normal)' 경제(저성장·저물가 시대의 스태그플레이션), 금융 위기, (미국 같은 선진 공업국에서조차) 급속히 치솟는 빈곤율, 사회 불안, 지금보다 더 파국적인 사태의 발발 가능성 등을 우려하는 사람들에게 참신한 관점을 제공하기를 기대하고 있다.

이 책은 지금 당장 모든 것을 바꿔야 한다는 성명서가 아니다. 하지만 이 책에서 논의한 내용들은 선진국 정책의 초석이 되어 지난 25년 동안 누적된 정치적·경제적·사회적 불안을 해소하는 데 도움이 될 수 있고 도움이 되어야 한다.

나는 지난 2~30년 동안 기업 활동(business activity)의 본질과 성격, 그리고 그 기업 활동의 정치적·이념적 바탕의 본질과 성격이 다양하게 변해 왔다는 관점에서, 현대 서구의 경제 및 정치 시스템의 핵심 특징들을 일목요연하게 제시했다. 이러한 변화들은 작금의 세계 경제 위기에 대해 많은 것을 설명해 줄 수 있다.

나 자신도 이 책의 단점을 잘 알고 있기에 기꺼이 독자들의 비판을 수용할 준비가 돼 있다. 하지만 나는 완벽함을 추구하다가 때를 놓치고 싶지 않았다. 사안이 워낙 긴급한 것이기 때문이다. 핵심적인 사항을 이해하는 데 광범위한 참고 문헌이나 경험적 증거의 나열이 필요한 것은 아니다.

도덕성이라는 관점에서 경제를 설명하는 것은 어렵다. 도덕성이라는 개념 자체는 분명한 내용이 없어 보이고 다양한 해석의 여지를 품고 있을 뿐더러 대개는 그 해석조차 엇나가기 일쑤이기 때문이다. 그러나 이러한 어려움이 경제의 분석과 연구에 도덕성을 배제해야 하는 이유가 되지는 못한다. 특히 장기적인 분석 틀을 적용하는 경우라면, 도덕성의 문제를 진지하고 포괄적으로 다루어서 경제 활동이나 경제 활동의 결과를 보는 의미 있는 관점을 제공하는 것이 무엇보다 중요하고 필요한 일이기 때문이다.

사실 도덕관념을 경제 현상으로 취급하는 것은 폭넓은 비판의 대상이 될 수 있다. 그래서 나는 이 책의 다른 곳에서 이 문제를 포괄적으로 다루었다. 그러나 세상에는 거의 보편적이라 할 만큼 널리 알려져 있는 불문율이라는 게 있다. 이러한 규칙들은 시장이 원활하게 돌아가는 데 꼭 필요한 요소이기 때문에 공공 기관들이 지속적으로 (강요할 것까지는 아니라고 해도) 준수할 필요가 있다. 따라서 기업 활동이나 경제 규제 행위에서 이러한 규칙들을 무시하면, 경제 메커니즘, 특히 금융 부문의 경제 메커니즘이 심각한 손상을 입게 된다(실제로 이미 상당한 손상을 입었다).

나는 이러한 전제가 무엇보다도 중요하다고 믿는다. 나의 개인적인 생각과 견해를 독자들과 나누고 싶은 이유도 여기에 있다. 사실 나의 견해는 나의 개인적인 연구를 통해서만 형성된 것은 아니다. 정치나 경제는 도덕성과 무관하다고 생각하는 사람들과 어울렸던 일상적인 경험에서 우러나온 것이기도 하다. 이런 사람들의 견해는 서구에 널리 퍼져 있는 냉소주의뿐만 아니라 과거 동유럽 국가들의 위선적인 전체주의 체제가 남긴 심리적 자취도 반영하고 있다. 바로 이러한 최악의 조합에서 내가 '레알에코노믹'이라고 부르는 분위기가 탄생했다. 탈법과 부패, 심지어는 폭력을 정치적·경제적 갈등을 해결하기 위한 수단으로 사용하는 관행 등이 팽배해 있는 분위기 말이다.

물론 개인적인 행동 규범과 공공 정책 수립에 필요한 훨씬 더 복잡한 윤리 사이에는 분명한 차이가 있다. 그러나 그 차이는 절대적인 것도 아니고 넘을 수 없는 것도 아니다. 사생활에서 윤리 원칙을 지키는 정치인이 공적인 정치 활동에서도 원칙을 지킬 가능성이 더 크다. 물론 원칙을 지켜서 얼마나 커다란 성과를 얻는지가 중요한 문제이기는 하지만 말이다. 만약 원칙의 고수가 정책의 실패로 이어질 수밖에 없는 것이라면, 그 정책은 애초에 결점을 안고 있는 것이다. 원칙을 굽히지 않고 긍정적인 결과를 이루는 것이야말로 진정한 정치의 기술이다. 안타깝게도 이 기술은 너무 쉽게 무시되어 왔다.

나는 이 책에서 경제 행위자(economic agent)들의 행동을 규제하는 가치와 지침에 더 많은 신경을 쓰는 쪽으로 경제에 관한 우리의 마음가짐을 바꾸어야 한다는 희망을 피력했다. 이러한 필요성에 많은 사람들의 관심을 끄는 데 성공한다면, 내 임무가 완수되었다고 느낄 것이다.

CONTENTS

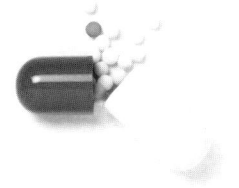

처음에는 누구라도 심각한 질병을 진단할 수 없다.
그러나 모든 사람이 알아볼 때에는 이미 늦은 것이다.
– 경험 많은 외과의사

내가 이 책을 쓰게 된 계기는 2007~2009년의 금융 위기이다. 이 위기에 대해서는 이미 다양한 설명이 등장했지만, 주로 표면적인 이슈만을 다루었을 뿐이다. 위기의 원인들에 대해서도 많은 논의가 있었지만, 직접적이고 단순한 원인들만 지적했을 뿐이어서 많은 것을 설명했더라도 문제 자체를 전면적으로 다루지는 못했다. 나는 주식 시장에 직접 참여한 이해당사자가 아니라 외부의 관찰자였기 때문에, 어떻게 하면 특정 시장이 원활하게 돌아가는가(혹은 돌아가지 못하는가)라는 물음보다는 시장의 혼란에는 어떤 심층적인 의미가 숨어 있는가라는 물음에 더 관심이 많았다. 하지만 만족스러운 해답을 얻지는 못했다.

그런데 금융 위기가 적절한 출발점이 되어 주었다. 금융 위기가 제기한 문제들은 새로운 것이 아니다. 꽤 오랫동안 회자되었고 이따금 숙고의 대상으로 떠오른 문제였다. 그런데 세계 경기 침체는 그 문제들을 전면에 등장시켰다. 하지만 당분간일지도 모른다. 대불황이 가시고 경제가 다시 안정되면, 학자와 기업가, 정치인들의 관심(레이더망)에서 벗어날 테니 말이다.

그래서 나는 세계 경기 침체라는 '핫이슈'에 관해서 또 하나의 개인적인 견해를 덧붙일 생각은 없다. 나는 이 책을 과거 수십 년 동안 누적된 더 커다란 의문들, 앞으로 오랫동안 우리가 마주해야 할 의문들에 대한 해답을 찾는 시도로 보고 있다. 그러나 금융 위기가 나의 호기심을 부추긴 것은 사실이므로, 처음의 의문들은 금융 위기의 성격이나 원인과 관련되어 있다.

일반적인 경제학 교재들은 다양한 성격과 주기를 갖고 있고 다양한 정도의 가혹함과 영향력을 갖고 있는 경기순환(business cycle)에 대해 설명한다. 경기순환은 발생하게 마련이다. 여기에 특별한 점은 없다. 그런데 이번 금융 시장의 불안에 대해서는 왜 그토록 떠들썩한 논란이 생겼던 것일까? 왜 이번에는 거의 재난 현상 취급을 받았던 것일까?(주1) 반대로 만약 이번 사태가 특별하

고 예외적인 경우라면, 왜 일반적인 경기순환에 적용되는 표준적인 정책 방안들이 거론되었던 것일까?(주2)

만약 이번 위기가 통상적인 경기순환에 의해서만 발생한 것이 아니라면, 어디에서 특별한 이유를 찾아야 하는 것일까? 애매모호한 '정책 실패'라는 진단 외에는 그럴듯한 설명이 나오지 않았으므로, 이 정도 규모의 격렬한 위기를 낳은 특별한 '실패'가 많이 있었다고 보아야 한다. 그렇다면, 경제 및 통화 당국이나 금융감독기관, 신용평가기관, 기타 전문가들은 왜 잘못된 선택을 그토록 많이 내렸던 것일까?

주식 시장이 2008년 8월에 급격하게 위축되기 1년 전에도 전문가들은 이미 미국의 서브프라임 모기지 대부와 관련된 상황이 심각하다는 사실을 잘 알고 있었다. 그런데도 국제 금융계가 급속히 냉각하고 세계 경제의 많은 부문이 눈에 띄게 위축될 지경까지 서브프라임 사태가 흘러가도록 좌시한 까닭은 무엇일까?

일반화해서 말하면 이렇다. 왜 이 모든 경제의 침체와 붕괴가 바로 그 시점에서 일어났고, 왜 이 모든 사태들이 저명한 경제인들에게도 충격적인 일로 받아들여졌던 것일까? (물론 많은 전문가들은 모든 것을 예상했었다고 사후에 주장했지만, 이러한 주장은 고장난 시계도 하루에 두 번은 올바른 시각을 가리킨다는 관찰만큼 쓸모없는 것이다.)

질문을 좀 더 멀리 밀고 나가자. 경제 이론 자체는 복잡성 면에서는 이미 실제 경제·경영 활동을 따라잡은 지 오래인데도, 아직까지도 시장 경제의 그토록 많은 요소들이 100여 년 전이나 마찬가지로 불가사의한 상태로 남아 있는 이유는 무엇일까? 끊임없이 발전하고 있는 기술적 분석 및 펀더멘탈 분석 소프트웨어에 의존하는 주식 애널리스트는 왜 아직도 점성술사와 비슷한 수준인 걸까? 그들의 예측이라는 것은 결국 해석을 어떻게 하는가에 달려 있을 뿐이지 않은가? 만약 금융 당국이 신용과 가격 변동, 투자, 소비자 경기 등을 정밀하게 조절할 수 있는 다양한 도구를 확보하고 있다면, 왜 그 도구가 가장 필요할 때 제 기능을 하지 못하는 일이 벌어진 것일까? 대부분의 변수들이 변하지 않는다는 전제 하에 계산이 이루어졌기 때문일까? 가장 필요할 때 제 기능을 하지 못한 도구들에 어떤 가치가 있을까? 그런데도 왜 투자자와 납세자들은 그 도구들의 지속적인 업데이트 비용을 부담해야 하는가?

다른 질문들 역시 분명하거나 납득이 가는 해답을 얻지 못하고 있다. 현재의 선진 경제에서는 아무리 지독한 경기 침체가 와도 세수나 기업 활동의 규모를 급격하게 줄이는 경우가 드물다. 그래서 두 자리 수의 마이너스 성장률은 이론적인 시나리오에서나 가능한 일로 여겨졌다. 저축액의 가치를 낮추고 소득을 고정시키는 인플레이션은 대체로 몇 퍼센트를 초과하지 않고, (우리가 통계 수치를 믿을 수 있다면) 불리한 시장 환경에서는 물가 상승률이 거의 제로 포인트로 떨어지기도 한다. 그렇다면, 누군가의 손실은 다른 누군가의 이익으로 상쇄된 것이라고 가정하는 게 논리적이다. 많은 사람들, 많은 회사들, 심지어 어느 산업 분야 전체가 막대한 손실을 입고 자산 침식을 당하면, 이러한 손실은 다른 사람들의 상당한 이익으로 이어지게 마련일 것이다. 그런데 어떤 이유에선지 우리는 그런 이익에 대해 들어본 적이 없다.

따라서 승자가, 실질적인 승자가 전혀 없는 것이라면, 위기 이전의 수익과 자산의 총계는 부정확한 자료 혹은 거짓된 자료를 바탕으로 인위적으로 부풀린 것일 테다. 그렇다면 왜 더 많은 전문가들이 저렇게 엄청나게 부정확한 계산을 비난하지 않는 것일까? 왜 그들은 위기 이전과 위기 도중에 무엇이 잘못됐고 손실을 본 사람들이 누구에게 책임을 물어야 할지에 대해 말하는 대신, 다가올 경기 회복에 대해서만 자신 있게 말하고 최후의 자산 침식 이후에도 남은 마지막 한 푼까지를 어디에 투자해야 하는지에 대해서만 조언하는 것일까?

나는 이러한 질문들에 대한 해답을 찾았지만, 어느 곳에서도 여론의 일치를 보지 못했다. 그러나 눈에 보이는 원인이 없다면, 숨은 원인이 있는 게 분명하다. 물론 다양한 설명이 나올 수 있다. 외계인의 개입설 운운하는 아주 정교하고 색다른 설명까지 포함해서 말이다. 하지만 나는 나의 모든 질문에 빛을 밝히는 하나의 이유가 있다고 생각한다. 그것이 숨은 원인처럼 보이는 것은, 그것을 보거나 그것에 대해 말하려는 사람들이 거의 없기 때문이다.

대다수 사람들이 이 주제를 꺼리는 이유는 너무 적나라한 결론이 기다리고 있기 때문이다.

이 주제로 들어가기 전에 먼저 몇 가지 설명을 해둘 필요가 있다. 앞서 말했듯이, 경기 침체는 많은 불편한 진실을 들추어냈다. 그런데 그 중 대부분은 더 깊은 뿌리와 함축적인 의미를 안고 있다. 경고 신호와 불안한 조짐은 이번 위기에만 적용되는 특성이 아니라, 훨씬 더 커다란 문제를 제기하고 있다. 그래서 나는 다른 성격의 질문을 스스로에게 던질 수밖에 없었다.

현대 자본주의에 관한 주요 이론의 초석 가운데 하나인 유용성은 오늘날 어떤 의미를 띠고 있는가? 그리고 어떤 경제적 재화에 유용성이 있음을 보증하는 필수적인 조건인 인간의 욕구(human needs)라는 것은 무슨 의미인가? 어떻게 우리는 유용성의 정의를 내리는가? 그리고 그렇게 정의를 내리는 사람은 누구인가? 왜 우리는 특정한 상품이나 서비스를 구매해야 하는가? 그리고 그것들의 실제적인 유용성과 생산 비용을 어떻게 알 수 있는가? 누가 이 모든 상품과 서비스의 가격을 정하는가? 가격은 어떻게 책정되는가? 정말로 우리는 상품이나 서비스의 대가를 지불해야 하는가? 그렇다면 왜? 그리고 오늘날의 상황에서 현대 자본주의 이론의 핵심 개념인 생산성의 진짜 의미는 무엇인가? 생산성은 어떻게 측정되는가? 그리고 생산성을 측정한다는 것에는 어떤 실질적인 의미가 있는가?

사유재산은 자본주의 시장 경제의 기초이자 가장 본질적인 요소라고 한다. 하지만 '경영인 혁명(manager revolution)'이라는 게 일어나서 경영진들이 기업 자산의 형식적인 소유주(formal owner)들이 그 재산이나 수익을 처분하지 못하게 하는 권한을 얻은 것이라면, 그래서 사유재산에 대한 형식적 권리라는 개념에서 모든 실질적인 의미를 박탈하는 일이 벌어진 것이라면, 자연스레 다음과 같은 질문이 떠오른다. 왜 이 주제에 관한 논의가 그동안 거의 없었던 것일까? 그리고 경제 성장을 촉진하는 실질적인 정책을 제안할 때, 왜 아무도 이러한 혁명을 고려하지 않았을까? 왜 회사와 은행들은 자신들의 현재 및 미래 가치를 극대화해서 주주들의 이익을 위해 일하는 것처럼 행동한다고 여겨지는 것일까?

자본주의 시장 경제로 이행한 동유럽 국가들은 사회가 무척 복잡해졌다. 새로운 구분선에 따라 사회가 분화되었고 계층 간의 간격은 훨씬 커졌다. 이는 새로운 물음들을 제기했다. 현대 자본주의 사회에서 수익과 재산의 분배를 규제하는 법칙은 무엇인가? 뚜렷한 원인도 없이 계층 간의 새로운 간격이 생긴 까닭은? 이러한 불평등은 공정성이나 정의의 관념과 어떻게 관련되는가?

왜 금융 부문은 지금처럼 복잡하고 거대하게 성장한 것일까? 이러한 팽창 이면에는 무엇이 있을까? 이제는 금융 상품들이 편리하고 안전하다고 믿을 수 있을 만큼 금융 기법들이 진정 발전한 것일까? 아니면 거의 사기라 해도 좋을 정도의 지적 마법을 부린 것일까? 금융 서비스에 대한 광고는 홍수처럼 넘쳐나지만, 정작 거기에서 이익을 얻었다고 자랑하는 사람이 드문 까닭은 무엇일까?

 과거의 산업 기반 경제를 대체하는 지식 기반 경제 혹은 혁신 지향 경제가 새롭게 떠오른다는 것, 이것이 오늘날 유행하는 경제적 사고의 주문(呪文)이다. 그러나 여전히 해답을 얻지 못한 의문점이 남아 있다. 무엇을 위한 혁신인가? 그리고 그 혁신은 사회 복지나 공익과 어떻게 관련되는가? 공익이란 무엇인가? 공익을 평가하고 정식화하는 것은 누구인가? '지적 혁신(intellectual innovation)'을 통해 돈을 버는 사람은 누구인가? 그리고 누가, 왜 혁신에 대한 비용을 감당하는가? 이러한 과정은 세계 경제에서 수익과 재산의 분배에 어떤 영향을 미치는가? 그리고 이러한 과정을 지배하는 기본적인 논리는 무엇인가?

 얼핏 보기에 이 과정에는 논리가 없어 보인다. 그러나 이러한 의문들, 혹은 더 근본적인 문제들(가령 대불황에서 어떤 교훈을 얻어야 하는가?)에 대해 숙고하면서 나는 한 가지 결론에 이르렀다. 어떤 현상을 설명할 수 있는 뚜렷한 이유가 보이지 않을 때는 숨은 원인들이 존재할지도 모른다는 것. 물론 숨은 원인이 너무 복잡하고 모호해서 눈에 띄지 않는 것일 수도 있지만, 반대로 표면 바로 아래에 있는데도 의도적으로 무시된 것일 수도 있다.

 이제 이 책 전체의 얼개를 구성하는 주제와 독자들이 꼭 명심하기를 바라는 핵심을 언급하겠다. 건강하고 효율적인 경제 시스템을 얻기 위해서는 '레알에코노믹'을 부추기는 사고방식을 버려야 한다는 것. 다시 말해서 이른바 '호모 에코노미쿠스'는 오직 좁은 의미의 경제적 사항만을 합리적으로 고려해서 판단한다는 통념을 버려야 한다.

경제적으로 합리적인 결정을 하기 위해 반드시 필요한 정보를 얻을 수 있는 능력에는 한계가 있게 마련이다. 오늘날처럼 경제생활이 복잡해진 시대에는 더 어렵다. 상품과 서비스의 유용성이 점점 더 애매해지고 그것을 알기 위해서는 전문가들의 의견에 더 많이 의지해야 하는 시대이기 때문이다. 반대로 열정이나 욕망 같은 비합리적 요인들, 윤리와 도덕성을 형성하는 규칙이나 가치, 동기나 억제력 등은 훨씬 더 큰 역할을 하고 있다.

이러한 규칙이나 가치, 동기나 억제력 등은 경제 행위에 관한 논의에서 큰 주목을 받지 못했고 대개는 쓸모없는 사항으로 간단히 무시되었다. 그러나 이러한 요소들은 내가 앞서 언급한 의문점들을 간단히 설명할 수 있다.

2007~2009년 금융 위기는 다양한 요인에서 발생했다. 경기순환, 금융 부문의 구조 변동, 관련 당국이나 사설 기관의 잘못된 결정 등. 그러나 어떤 결정의 윤리적·사회적 배경을 무시하고 그 결정이 맞았는지 틀렸는지, 적절했는지 부적절했는지 따위만 분석하는 틀에 머물러 있으면, 이번 위기가 제기하는 많은 의문을

해결할 수 없다. 또 다른 금융 위기를 피하기 위해서는 정책 실패나 부정확한 위기 평가에만 관심을 쏟아서는 안 된다. 금융 부문과 관련 산업 전반에 퍼져 있는 미심쩍고 잘못된 관행에 대한 용인의 분위기에 정면으로 맞서야 한다. 금융계의 로비에 굴복해서 부당한 호의를 베푼 정부 당국이나 정계 인사에게 반드시 책임을 물어야 한다. 금융 시스템의 위기를 가중시킨 당국과 전문가들의 무책임과 무관심을 더 이상 방치하지 말아야 한다.

게다가 도덕적 결함이라는 '숨은' 요인은, 우리가 그것을 정확한 시각으로 바라보기만 하면, 지난 수십 년에 걸친 경제계의 위험스러운 변화 과정에 대한 만족스러운 설명뿐만 아니라 현대 자본주의의 내적 논리에 대한 정합적인 상을 얻는 데 도움이 된다.

서구의 경제 구조는 금융 부문에 유리한 쪽으로 이제는 돌이킬 수 없을 만큼 확실하게 변해 왔다. 이러한 변화는 다른 부문의 생산에서 다양한 지적 요소들(대개는 유사 지적인 요소들이지만)에 소요되는 비용을 증가시켰다. 그리고 그 변화 이면에는 객관적이고 자연적인 추진력이 있을지 모른다. 이를테면 생산 활동에서 지식이 더 중요한 요소가 되었다거나 점점 더 전문화가 요구되는 경제 행위자 간의 복잡한 연결망이 경제 상황에서 더 큰 비중을 차지하게 되었다는 점을 거론할 수 있다. 그러나 그러한 객관적이고 자연적인 힘 곁에서 우리는 이러한 부문들의 기업 활동이 점점 더 불투명해지고 관련자들이 그릇되고 기만적인 행위들을 더 많이 저지르게 되는 모습을 볼 수 있다. 우리는 또한 이러한 부문들에 종사하는 사람들이 자신들의 유리한 위치를 이용해서 고객들로부터 과거 세대들의 창조물인 지적 재산에 대한 저작권 사용료를 챙기는 모습을 볼 수 있는데, 사실 그들이 그 창조물을 사유화(私有化)하는 것은 아무 근거가 없는 짓이다. 마지막으로 그들은 공격적이고 위압적인 광고 뿐 아니라 신비로운 '혁신'이라는 단어로 포장된 뻔뻔스러운 속임수를 통해 공공연히 소비자 심리를 조작한다. 이 모든 행위들은 정치인들의 수동성과 지적 엘리트 그룹의 공공연한 협조 덕분에 가능해졌다.

세계를 경제 및 사회 발달 수준에 따라 크게 구별되는 지역들로 나누는 국제적인 경제 정책의 최신 경향에서도 윤리적인 고려는 작용하고 있다. 이러한 정책 적용은 떠들썩하게 선전된 이른바 경제 세계화와 나란히 진행되고 있다. 지역적 구분이 존재하는 객관적인 이유—출발 지점의 중요성이라든가 거대한 도약의 어려움—가 있는 것은 사실이지만, 도덕성과 직접 연관된 요인들을 무시할 수는 없다. 서방 세계는 '지적재산권(intellectual property rights)'의 엄격한 시행을 주장하면서 부유한 나라와 가난한 나라의 간격을 줄이려는 노력을 너무나 자주 거부했다.

이와 관련해서 이데올로기인 차이를 새삼스럽게 다시 이용하려는 시도와 세계를 특권적인 나라들과 차별 받는 나라들로 나누려는 경향 역시 내가 다루고 싶은 주제이다. 물론 민주주의 전통이 오랫동안 깊게 뿌리 내린 나라와 권위주의 통치와 엄격한 사회적 위계, 개인의 권리와 자유에 대한 낮은 평가 등에 길들여진 나라 사이에 존재하는 차이점을 부정할 수는 없다. 그러나 범세계적으로 검은 양과 흰 양을 구별하는 경향은, '문명화된' 태도를 다른 나라들에 강요하는 것을 세계 귀족의 의무('백인의 짐')로 간주했던 과거의 의심스러운 도덕적 의제를 떠올리게 한다. 다문화주의를 '문명 충돌'로 해석하는 최근의 경향에 대해서도 마찬가지 이야기를 할 수 있다.

마지막으로 가장 중요한 점은, 비즈니스 세계의 기본적인 도덕적 태도가 크게 변해 왔다는 점이다. 이러한 변화는 도덕적 규준 자체를 아예 버리려는 시도로 보일 정도이다. 새로운 체제는 공익과 사회적 유용성의 기준에 따라 기업 활동을 평가하는 것 자체를 불가능하게 만들 것이다. 오직 실제로 불법적인 검은 시장만이 '부도덕'한 것으로 여겨질 것이다. 이러한 경향을 가장 잘 보여주는 사고방식은 흑자 매출은 정의상 소비자 욕구의 만족을 함축한다는 추론이다. 그리고 소비자 욕구의 만족은 (역시 정의상) 기업 활동의 사회적 유용성 혹은 (차라리 이렇게 말하고 싶은 사람도 있을 것이다) 윤리적 정당성을 보증하는 것이라는 추론이다.

물론 이러한 사고방식에 아무런 근거가 없는 것은 아니다. 만약 돈이 유용성의 유일한 척도이고 그 밖의 다른 가치 기준을 적용할 수 없는 것이라면 말이다. 그러나 이러한 접근 방식은 경제적 판단에서 도덕성의 역할을 배제하는 윤리적 허무주의이다.

도덕성은 교환이나 저축, 투자, 상품 생산, 그 밖의 기본적인 경제 행위와 관련된 일상적인 활동에서만 제 역할을 갖는 것은 아니다. 그것은 정부 당국에 의해 시행되는 법률만큼 중요한 것이다. 실제로 내 경험상 국가가 시행하는 법률이 얼마나 잘 통용되는지는 오랜 세월 사회에서 숙성된 원칙들이 일상생활에 얼마나 잘 통용되는지에 따라 달라진다. 이러한 원칙 가운데 하나가 도덕성이다.

처음부터 분명히 해두고 싶은 게 있다. 나는 **도덕성**이라는 용어를 개인적인 도덕적 자질이나 윤리적 기준이라는 단순한 의미로 쓰고 있지 않다. 오히려 사회 전체를 규제하는 지도 원리(guiding principle)라는 의미로 쓰고 있다. 나는 설교자가 아니다. 개인의 악덕이나 미덕을 비난하거나 찬양하는 것은 신학자나 철학자에게 맡길 일이다. 한 사람의 개인적인 탐욕은 하나의 문화에 별다른 위협이 되지 못한다. 내 관심의 초점은 사익을 자연적이고 보편적인 현상으로 특권화한, 탐욕이 지배하는 사회나 정부에 있다. 이책의 맥락에서 도덕성이란 사회나 체제와 관련된 것이고, 그 사회와 체제의 바탕에 깔린 원인들은 부분적으로는 정치적인 것이고 부분적으로는 경제적인 것이며 부분적으로는 역사적인 것이다.

이러한 원인들이 눈에 잘 띄지 않는 까닭은 그것들이 어떤 의식적인 노력이 아니라 잠재의식에 의존하는 것이기 때문이다. 여기서 잠재의식이란 지배적인 사회 조건에 의해 형성된 세상을 특정한 방식으로 보도록 하는 성향을 일컫는다.

2장~4장에서 다루는 주제들은 경제 정책과 국제 관계의 문제들을 다루는 독창적인 접근 방식을 제공할 것이다. 지금까지 정책 결정과 기업 활동이라는 실질적인 문제를 도덕성과 도덕성이 일상적인 결정에 미치는 영향과 관련지어 체계적으로 논의한 경우는 없었다. 그리고 러시아의 경제 위기를 다루는 장에서 서술한 내용은 사적인 경험에서 형성된 나의 개인적인 시각을 반영하고 있다. 마지막으로 나는 다른 저자들이 간과하거나 무시한 폭넓은 주제와 핵심들 사이에 논리적 연관을 맺어주는 것을 나의 과제로 여기고 있다. 가령 이른바 신경제(new economic)의 확산과 금융 시장에서의 고위험 파생 상품의 유행 사이에 직접적인 연관성이 있다는 나의 주장이 더 진전된 논의를 불러일으킨다면, 내 작업이 가치 있는 작업이었다고 여길 것이다.

이 책에서 나는 경제적 사고에 도덕성을 불어넣으려고 노력했다. 이로써 경제학과 경제 저널리즘에 하나의 모델을 제공하고 싶었다. 나는 또한 현대의 가격 결정 메커니즘을 더 잘 설명하기 위해 지적 (재산) 지대(intellectual [assets] rent payment)와 역사적 지대(historical rent payment)라는 용어를 도입했다. 이러한 메커니즘은 선진국과 후진국을 영원히 분리하려는 장벽의 일부이다.

사실 현대 시장 경제의 발전에 대한 총체적인 상을 볼 수 있는 사람은 아무도 없지만, 나는 앞에서 제기한 물음들의 해답을 찾기 위해 노력했다. 이러한 노력을 통해서 나는 자본주의 경제의 미래를 위해 도덕적 기준을 더 진지하게 고려하게 되었다.

더욱이 이러한 물음들을 논리적 결론까지 밀어붙이면, 더 근본적인 물음이 떠오른다. 기업 활동에서 우리는 어떤 규범을 따라야 하는가? 그리고 어떤 규칙들이 실천 가능한가? 규칙을 선택하고 규칙을 적용하는 데 따라야 할 지침은 무엇인가? 무엇을 기본 원칙으로 삼아야 하고, 그 기본 원칙들은 도덕성과 어떻게 관련되는가? 그리고 우리는 이 세계를 어떻게 다루어야 할까? 우리의 통제 범위를 벗어난 숙명적인 조건으로 간주할 것인가, 아니면 우리의 집중적인 공통의 노력을 통해 변화시킬 수 있는 대상으로 간주할 것인가?

이러한 질문들은 당연히 전통적인 경제 연구나 분석의 범위를 뛰어넘는 것이다. 이러한 질문들이 경제 연구가 아니라 종교에만 적합한 질문들이라고 생각하는 사람들에게는 형이상학으로 비칠지도 모른다. 그 문제들을 정치적 선택의 문제로 본다 해도, 어떤 학자나 정치 집단이 최종적인 해답을 내놓을 수는 없다. 그럼에도 불구하고 근본적인 문제들에 관해 논쟁을 야기하는 것이 나는 나의 의무라고 생각한다. 지금이야말로 그 문제들을 진지하게 검토하고 오늘날의 세계에 적용 가능한 해답들을 찾으려고 노력할 때이기 때문이다.

1

세계 경제의 위기

모든 사람이 자기 자신만 생각하고
공통의 대의에 대해서는 아무도 생각하지 않는다.
– 루드비히 게하르트

글로벌 경제 위기

2009년 봄에 세계 경제를 다루는 언론 기사들을 읽으며 내 나름의 인상을 정리하려고 애쓰던 중, 나는 어떤 과거의 사건도 간단히 평가할 수는 없다는 생각에 사로잡혔다. 다양한 충격과 변화, 현상들은 경제생활의 상이한 차원들에서 동시다발적으로 벌어진다. 매일 다양한 언론에서 오늘날의 경제 상황에 대한 수많은 진술과 해석들을 볼 수 있지만, 어느 것도 전체 상황에 대한 총괄적인 상을 제시하고 있지 않다.

그러나 가장 중요한 점은 언론에서 경제 및 기업 활동에 관한 새로운 소식을 접하면서 내가 혼란스러운 느낌을 받았다는 점이다.

선진 공업 세계의 경제 상황에 대해서는 강력한 여론의 일치가 이뤄졌는데도 불구하고 위기의 근본 원인을 비롯한 많은 요소들이 여전히 불명료한 채로 남아 있다는 느낌이었다.

한편으로 우리가 개별적인 경제 요인들을 고립적으로 살펴보면, 시장 경제의 본성이나 내적 작용과 위배되는 일은 아무것도 벌어지지 않았다. 최근 발생한 경제적 혼란의 규모는 비정상적으로 크고 그 결과는 대단히 심각하지만, 현재 **글로벌 경제 위기**(global economic crisis)로 지칭되는 모든 현상은 역사에서 반복적으로 관찰된 바 있다. 물론 위기의 구조나 결과는 상당히 달랐지만 말이다. 2007~2009년에 미국 경제와 세계 경제에 잇따라 연쇄반응을 일으킨 경제적 의존성은 다방면의 전문가들에게 잘 알려져 있다. 지난 30년 동안 세계 경제의 추이를 지켜 본 사람이라면, 최근의 어떤 사태들도 과거 30년 동안 관찰된 비슷한 현상의 맥락 속에 집어넣을 수 있을 것이다. 이처럼 비슷한 현상이 존재한다는 사실로 미루어 보면, 2007~2009년의 금융 혼란을 자본주의 역사의 전환점이 아니라 '금융 자본주의'의 종말이 가까워졌음을 나타내는 신호로 보는 게 맞다. 이는 경기 침체의 여파 속에서 앙겔라 메르켈 독일 총리와 니콜라스 사르코지 프랑스 대통령을 비롯한 일부 정치인들이 주장한 바이기도 하다.

사실 금융 붕괴, 글로벌 경제 쇠퇴, 현대 시장 자본주의의 위기, 1930년대 이후 최장 기간 지속된 미국의 경기 침체, 21세기 초의 대불황 등으로 불리는 최근의 사태들이 제기한 문제가 특별히 복잡한 것은 아니다. 장기적인 금융 안정성을 해치는 금융기관들의 불안, 제조 부문의 많은 회사들을 파산의 위기로 몰고 가는 수요 하락, 실업률이 무려 20퍼센트에 이르는 스페인 같은 여러 선진국들의 가망 없는 일자리 현황에 이르기까지 경제 불안을 나타내는 증상은 뚜렷하다. 이러한 관점에서 보면, 가까운 시일 내에 근본적으로 새로운 현상이 나타날 것 같지는 않다. 경기 침체의 영향이나 경기 반등 가능성에 대한 예측은 보는 사람마다 무척 다르지만, 세계가 "돌이킬 수 없이 변했다"는 과장된 언사는 언론의 호들갑으로 봐야 마땅하다.

그러나 이번 위기의 본질(나아가 위기의 원인과 영향)에 대한 수많은 해석은 몇 가지 문제를 제기한다. 나는 이러한 문제를 적당한 시점에 좀 더 상세하게 다룰 생각이다. 그런데 무엇보다 중요한 점은 금융 부문, 나아가 경제 전반에 걸쳐서 해로운 경향이 득세하고 있다는 점은 뚜렷이 인식하고 있었지만, 금융 당국을 비롯한 누구도 이러한 경향이 눈덩이처럼 커지는 것을 막지 못했고 비교적 안전한 출구로 이끌지 못했다는 점이다. 이번 위기 이전 상황에 대해서는 금융위기조사위원회(Financial Crisis Inquiry Commission)의 최종 보고서에서 좀 더 상세한 내용을 찾을 수 있으므로 여기서 더 깊이 파고들 필요는 없다. 다만 "금융 위기는 피할 수 있었다"는 대체적인 결론만은 확실한 증거를 통해 입증된 것으로 간주하겠다. 간단히 말해 이러한 분야에 정통한 담당자들, 특히 정부 당국은 금융 시스템에 위기가 쌓이고 있다는 사실을 알아차리고 공개적으로 밝혔어야 했다. 그들은 금융기관들이 적절한 조치를 취하게 다그쳐야 했지만, 그러한 행위가 불필요하다고 여겼다. 그 결과 경제 비평가와 분석가들은 왜 관련 당국이 책임 있는 행동을 하지 못했는지조차 만족스럽게 설명하지 못했다.

사실 그들이 왜 이런 행동을 불필요하게 여겼는지가 이 책의 핵심 주제이다. 경제 시스템의 안정성과 효율성은 경제적 합리성과 전문적 능력에만 좌우되는 것은 아니다. 어떤 경우에는 공적인 의견과 태도에 의해 정해지는 개인적 가치와 행위 규범, 좀 더 느슨하게 말해 도덕성이 전통적으로 경제학이라고 불리는 영역에서 일어나는 사건들을 결정한다.

경제 위기의 전개

위기 상황이 전개되는 동안 나온 공적 발언이나 사후의 논평을 보면, 각 단계는 다음 단계로의 잠재적 발전의 씨앗을 포함하고 있을 뿐 아니라 다음 단계를 사실상 미리 규정했다는 것을 알 수 있다. 앞으로 살펴보겠지만, 한 부문의 불안은 이론적 법칙과 경제적 논리에 따라 다른 관련 부문의 불안으로 이어졌다. 관련자 중에 이 사실을 예측하기는 불가능했다고 주장할 수 있는 사람은 한 명도 없다. 이 과정이 어느 단계에서 갑자기 저절로 멈추거나 문제가 간단히 해결될 것이라고 생각한 사람도 있었을 리 없다. 따라서 금융 및 정부 당국이 서서히 다가오는 경제 위기를 해소하기 위해 왜 아무 조치도 취하지 않았는지 이해하기 힘들다. 무엇보다도 관련 당국과 거시경제학 및 금융 시장의 전문가들이 몇 년 동안 가만히 구경만 했던 이유를 이해하기가 어렵다. 그동안 위기의 근본 요인들은 차곡차곡 경기 침체로 이어지는 단계를 밟고 있었는데도 말이다. 게다가 바로 이 요인들이 결국 이러저러한 형태의 금융 붕괴를 불가피하게 만들었는데 말이다. 따라서 우리는 경기 침체를 야기한 의사결정 과정의 심리적, 사회적, 도덕적 차원을 정확히 설명해야 한다.

이상한 일이지만, 경기 후퇴는 직무상 필요한 정보에 접근해서 적절한 결론을 내렸어야 했던 사람들 대다수에게도 놀라운 충격으로 다가왔다. 모험적인 기업 활동, 수상쩍은 부채담보증권, 세계 최대 금융기관들의 최고 경영진들이 저지른 위험한 행동 등에 관한 논쟁조차도 금융 시장이 제 기능을 하지 못하기 시작한 지 몇 개월 후에서 비로소 시작되었다. 결국 금융감독기관들은 당시 금융 부문에서 유행하던 수학적 모델이 추상적이고 조작적인 성격을 갖고 있다는 점을 간파했다. 이러한 모델 덕분에 느슨하게 규제를 받거나 아무 규제도 받지 않은 금융기관들은 투자 리스크 평가치를 급격히 낮출 수 있었고 복잡한 파생 상품을 발행하는 기관들은 더 새로운 금융 상품(부채담보증권이나 신용부도스왑 같은)을 시장에 내놓을 수 있었는데, 이러한 상품들은 개인 투자자의 리스크를 금융 시스템 전반으로 전이시켰다. 금융감독기관과 관련 정부 부처는 추가 리스크의 영향을 상쇄할 수 있는 금융 부문의 능력에는 한계가 있고 비교적 빠른 속도로 금융 부문이 무너질 수 있다는 사실을 '갑자기' 깨달았다. 그 결과 이해할 수 없는 무사안일주의가 별안간 '금융 시스템을 즉각적인 붕괴 위험'으로부터 구출해야 한다는 경고의 목소리로 바뀌었다.

금융 위기의 발생 및 전개를 예상치 못한 외부적 상황(즉, 널리 알려진 시장행동규칙이라는 틀 안에서는 설명이 불가능한 외부적 상황) 탓으로 돌릴 수 없음에도 불구하고 이렇게 갑작스러운 상황 변화가 일어난 것이다.

더욱이 우리는 이제 금융 피라미드의 하층에서 일하는 사람들은 금융 시스템에 위험과 모순이 있으며 그 중 일부는 그들의 행위에서 직접 연유하고 어떤 식으로든(금융감독기관의 엄격한 행정적 개입을 통해서든, 리스크가 축적된 기관들의 자연스러운 붕괴에 의해서든) 해결되어야 한다는 점을 충분히 인지하고 있었다는 사실을 알고 있다.

붕괴의 메커니즘

2007년부터 서서히 전개되고 있었던 위기의 모든 단계가 그 다음 단계를 미리 규정했다는 나의 주장을 입증하기 위해 주요 단계들을 좀 더 자세히 검토하기로 하자.

미국의 모기지 채권 시장은 은행 모기지 대출금의 담보물이었던 부동산의 가격 상승이 주춤하게 되면서 불안 요소를 안게 되었다. 그런데 이러한 모기지 대출금은 거꾸로 모기지 채권의 담보물로 기능했다. 다시 말해서 미국이 직면한 것은 이해할 수 있는 통상적인 상황이었다. 즉, 시장 상황의 변화에 따라 담보물의 가치가 하락했다는 점. 당연히 가격이 오르기만 했던 지난 20년 동안의 추세만 보면, 부동산 가격 상승폭의 하락 및 부동산 가격 자체의 하락은 평범한 현상이 아닌 것처럼 보였다. 그러나 부동산이든 에너지든 영원한 가격 상승은 모든 가격은 조정을 받게 마련이라는 근본적인 시장 원리에 위배된다. 따라서 시장 참여자들과 금융 감독기관들은 가격이 어느 단계에서도 절대 안정되거나 하락하지 않을 것이라고 가정할 이유가 없었다.

부동산을 담보로 한 채권은 신용부도스왑을 비롯한 많은 금융 파생 상품의 기초였기 때문에, 서브프라임 시장의 붕괴는 국지적인 혼란만 낳은 게 아니라 저축 은행, 연기금, 투자 회사 등 주요 기관투자자들이 보유하고 있는 다량의 증권이 지급 불능 상태에 빠지는 결과를 낳았다.(주1) 아직도 풀리지 않은 한 가지 의문점은 다음과 같은 것이다. 스스로의 이익을 위해 움직이는 기관투자자와 '애널리스트'들은 어떻게 이러한 증권들의 신용을 과신했던 것일까? 물론 그들의 손해가 단지 정보 부족이나 단순한 오판에 기인한 것일 수도 있다. 그러나 일반 대중의 느슨한 태도와 무책임하고 수상쩍은 금융 기법들을 용인한 감독기관들의 암묵적 방조에서 기인한 도덕적 억제력의 결핍으로 설명하는 것이 더 낫다.

모기지 담보 증권의 부실화가 다른 파생 상품의 연쇄 부도로 이어진 것은 완전히 논리적이고 예측가능한 현상이었다. 다음의 세가지 요인이 은행권, 나아가 금융 분야 전체에서 신용의 위기를 낳았다. 상당량의 증권이 지급 불능 상태에 이르렀다는 점, 연쇄 부도의 종착지를 알 수 없었다는 점, 그리고 부도의 규모를 파악할 수 없었다는 점이다. 은행들은 부실 자산 때문에 이미 거대한 '구멍들'이 생겼고 금융 시장에서 그들과 거래하는 회사들의 대차 대조표에도 곧 거대한 '구멍들'이 생길 것이라는 사실을 (몰랐을 수는 있지만) 가정할 수 있었다. 따라서 은행들은 대출에 점점 더 소극적이 되었고 대출 조건을 강화하는 방식으로 잠재적 손실을 줄이려 했다. 이는 신용 경색, 그리고 좀 더 엄격한 대출 조건의 도입으로 이어졌다. 결국 거의 모든 종류의 대출에 높은 이율이 적용되었다.

이어 최종 대출자의 이율을 결정하는 은행 간 시장(interbank

market)의 금리가 상승했고 이는 기업 부문의 부도뿐만 아니라 신용카드 빚을 비롯한 소비자 대출의 부도 사태로 이어졌다. 특정 대출자의 경우, 특히 이미 신용을 잃고 다른 재원을 통한 재금융대출(refinance loan)의 가능성마저 막힌 가계의 경우는 신용 조건이 조금만 까다로워져도 정기적인 상환이 불가능해졌다.

은행들이 이러한 부실 대출금(defaulted loan)을 담보로 한 증권을 팔기 시작했을 때, 부동산 시장은 더 깊이 추락했고 주식 시장의 불안은 가중되었다. 이는 거꾸로 많은 부채담보증권의 신용에 악영향을 미쳤다. 이는 주식시장의 악순환으로 이어졌다. 부실 대출금의 담보 역할을 했던 주식들이 점점 더 많이 팔렸고(대출금 상환에 필사적인 투자자들, 이미 공동투자시장에서 빠져나오기로 결심한 개인들에게 투자금을 되돌려줘야 했던 투자자들 역시 억지로 주식을 팔아야 했다), 그러자 주식 가격이 하락했다. 거꾸로 이러한 주가 하락은 투자자들에게 주식을 더 팔아치우게 하는 동기를 제공했고 부채담보증권의 토대를 한층 더 침식했으며 비유동성 주식(illiquid share)의 거래를 활성화했고 시가 총액을 한층 낮추었다.

결과적으로 (기관투자자로 활약하고 있던) 투자 은행을 비롯한 금융 회사들의 대차대조표에는 거대한 구멍들이 생겨났다. 급속한 자산 감소로 가치가 하락하고 있던 AIG 그룹이 대표적인 사례였다. 동시에 이러한 회사들의 차입 및 변제 능력은 급속히 축소되었다. 이들은 정부에 대출이나 자본 투자의 형식으로 금융 지원을 요청했다. 이어서 일련의 인수합병, 리먼 브라더스와 소형 금융 회사들의 파산, 금융 투자 규모의 전반적인 축소 등이 잇따랐고 광범위한 정리해고가 진행되었다. 금융 부문의 이러한 충격적인 사태들은 논리적인 과정에 따라 전개되었으며 전 세계 경기 침체에서 절정에 이르렀다.

금융 부문의 이러한 혼란은 제조 부문의 부정적인 태도를 심화시켰는데, 이것 역시 충분히 이해할 수 있는 논리적인 현상이었다. 금융 부문의 위기는 제조업 회사들이 돈을 빌리는 것을 더 어렵게 했고, 주식 시장을 통해 자금을 조달하는 방식에는 상당한 제약이 따랐다. 이와 동시에 가계 소유의 금융 자산이 무너지자 소비자 수요가 감소했다. 이는 미국 회사들에만 수조 달러에 이르는 손실을 야기했다. 결과적으로 먼저 미국 경제가, 이어서 유럽 경제가 수요 하락에 직면했고 기업들은 돈을 빌리는 데 더 큰 제약을 받았다. 선진국 경제에서 소비자 수요의 감소와 경기 침체의 시작은 금융 부문의 혼란이 낳은 불가피한 결과였다. 예상할 수 없었던 것은 이번 위기의 충격이 어느 정도 규모로 진행될 것이며 이 충격이 유독 어느 산업에 악영향을 미칠 것인가 하는 점이었다. 충격 자체는 예정된 것이었다.

원자재 및 에너지 가격 문제는 더 복잡하다. 미국과 유럽의 금융 불안이 시작되기 전에 이미 원자재 및 에너지의 가격은 급락하고 있었다. 그러므로 석유를 비롯한 연료, 금속과 화학 제품, 다른 주요 부문의 제품들의 가격 하락은 금융 시장의 불안에서만 기인한 것은 아니다. 원자재 시장의 자연스러운 가격 변동을 비롯한 다른 요인들도 작용했다. 이러한 시장(특히 석유 가격을 상상할 수 없는 수준까지 앙등시킨 석유 선물 시장)에서 투기적 거래가 점차 큰 비중을 차지하게 되었다는 사실 역시 오래지 않아 가격 하락이 진행될 수밖에 없음을 알리는 전조였다. 그러나 금융 위기의 특정 단계에 이르자 석유 및 산업 제품의 가격 변동은, 선진국 및 수출 주도형 개발도상국에서 산업 부문의 침체를 야기할 것이라는 전망을 낳았다.

원자재 및 에너지 가격 하락은 이른바 추출 산업(extraction industry)에 세금과 고용, 수출을 비롯한 경제의 많은 부분을 의존하는 나라의 재무 상태에 악영향을 미쳤다. 나중에 상세히 검토하겠지만, 특히 러시아가 브라질, 남아프리카, 오스트레일리아 등과 함께 이 범주에 속해 있다. 어느 정도는 캐나다와 노르웨이 역시 비슷한 처지이다. 그러나 이러한 요인이 선진국 경제에는 대체로 긍정적인 역할을 했다. 전 세계적인 위기라는 맥락에서 원자재 및 에너지 가격 하락은 양가적인 요인이었고 궁극적으로는 부차적인 문제였다.

세계 경제의 하강 과정을 다시 정리하면서 내가 말하고 싶은 요점은 앞 절에서 언급한 대로 금융 시장의 혼란과 전반적인 경기 침체로 이어진 사건들의 연쇄는 완벽하게 논리적이고 예측가능한 것이었다는 사실이다. 다음에 무엇이 예상되고 무슨 행동이 필요한지 알기 위해 마술적 통찰이나 천상의 계시가 필요했던 것은 아니다. 관련 당국에게 요구되었던 것은 단지 유능한 능력과 공적 의무의 양심적인 실천일 뿐이었다.

적절한 반응이 나오지 않았다는 사실에 대해서는 두 가지 설명이 가능하다. 우선 당국이 경제 및 금융 활동에 영향을 미치는 데 필요한 수단을 확보하고 있지 않은 경우다. 이 경우는 과거 수십 년 동안 대중이 경제 상황을 통제할 수 있는 자신들의 능력에 대해 잘못된 정보를 들어 왔다는 뜻이 된다. 두 번째는 위험하게도 당국의 관련자들이 공익을 희생하고 사익 추구에 더 몰두했다는 설명이다. 둘 다 진지한 공적 토론이 필요한 공적 도덕의 문제를 내포하고 있다.

이 절을 마치기 전에 한 마디 언급하고 싶은 게 있다. 약간 부적절해 보일지 모르지만, 도덕적 태도와 억제력이 경제 위기 기간에 거시경제 차원에서 어떤 역할을 했는지를 염두에 두면, 주목을 요하는 이야기다. 앞에서 보았듯이 미국과 유럽 경제의 위기는 주로 '악성' 부채와 미심쩍은 금융 자산, 이른바 부실 자산을 중장기적인 전망 하에서 제대로 처리하지 못한 데서 발생했다. 이러한 문제는 오바마 정부가 새로 백악관에 들어가서 중단기적인 전망에서 세계 경제의 미래에 관한 핵심 논쟁을 주도하고 있을 때, 소비자 수요 진작 문제와 함께 미국 경제 논의의 주요 논점이었다.

더욱이 대부분의 논평가와 전문가들은 세계 자본주의의 장기적 미래가 지난 몇 년 사이에 양적으로나 질적으로 전례 없는 규모에 이른 부채 문제에 달려 있다고 믿고 있다. 그리고 나를 비롯해 많은 사람들이 부채 규모가 실물 경제의 규모에 비추어 세계 경제의 지속가능한 발전을 위험에 빠뜨릴 정도로 커졌다고 생각한다.

부채 문제, 그리고 부채의 규모와 역할이라는 문제는 기술적인 문제이다. 부채와 관련된 말썽은 단순한 규모가 아니라, 부채가 수요에 미치는 영향이나 부채의 구조, 그리고 재금융 가능성 평가에서 생긴다. 나는 (일부 보수주의자들과 달리) 부채 자체가 도덕성과 직접 관련된다고 생각하지 않는다. 엄밀히 말해 도덕적 해이는 부채의 실질적 규모보다는 상황을 통제하지 못하는 금융감독기관의 무능, 나아가 이러한 시스템을 악용할 가능성 등과 더 밀접한 관련이 있다. 그러나 부채 문제를 이러한 시각에서 바라보더라도 부채의 역할 및 규모와 무책임한 태도 및 무책임한 행동의 만연 사이에는 일정한 상관관계가 존재함을 무시할 수 없다. 물론 이것은 따로 상세히 논의할 필요가 있는 복잡한 주제이다.

잘 알려진 원인들

세계 경기 침체로 절정에 이르렀던 사건들의 연쇄는 관련자들에 의해 상세히 정리되었다. 외부인의 시각으로 전체적인 상을 바꿀 만한 여지는 별로 없다. 게다가 현재의 금융 혼란을 촉발시킨 직접적인 원인들을 생각해보면, 대중의 관심을 근본적인 원인들(무사안일주의, 자기기만, 공익 무시, 시장 참여자와 감독기관 양쪽의 공공연한 기만과 속임수 등)에서 다른 쪽으로 돌리는 결과를 빚는다. 희생자는 누구이며 그들은 얼마나 잃었는지, 누가 보조금을 받을 자격이 있고 보조금 혜택의 범위는 어디까지인가에 관한 상세한 논쟁도 물론 쓸모가 있다. 그러나 지금 무엇을 할 것인가에 관한 질문은 경기 침체가 금융 질서를 바로잡아야 할 담당자들의 무책임한 행동 혹은 무행동에서 비롯되었다는 사실을 감추고 만다. 이 사실에 용기 있게 맞서지 않는 한, 위기 극복에 대한 모든 논의는 아무 결론도 내지 못할 것이다.

지금까지 세계 경제 위기에 대해서 다양한 해석이 등장했다. 그러나 이번 경기 침체는 전통적인 경기순환 요인들이 일으킨 충격과 서구 경제(특히 미국 경제)의 금융 분야에서 발생한 몇몇 특정한 현상들이 결합해 있다는 점에 대해서는 의견이 일치되어 있다.

이와 같은 평가는, 위기를 낳은 직접적인 요인들만 분석하거나 바탕에 깔린 근본 원인들을 무시하거나 위기를 폭넓은 역사적 맥락에서 이해하려고 하지 않으면, 논박하기 어렵다. 제한적인 관점에서 우리는 우선 두 가지 요인에 주목할 수 있다. 첫째, (시장 경제에 내재하는) 가격을 비롯한 다양한 요소들의 불균형은 수요·공급 상호작용과 원자재·자산 가치 평가를 제어하는 메커니즘의 불완전성 때문에 정기적으로 발생한다는 점. 둘째, 금융 부문과 이른바 실물 경제 사이의 차이에서 온갖 편차(deviation)가 발생한다는 점.

첫 번째 요인들에 관해서는, 이번 위기 기간에 지난 몇십 년 동안의 다양한 경제 발전 양상에 어긋나는 현상은 아무것도 나오지 않았다고 말할 수 있다. 시장의 순환적 성격은 온갖 종류의 자산 및 자원에 대한 소비자 수요의 타성(inertia)에 관련된 불균형에서 유래한다. 이러한 소비자 수요의 타성은 자원 공급을 교란하고 시장 가격을 왜곡한다. 여기에는 시장에 불가피하게 존재하는 우발적 왜곡 현상도 개입한다.

특히 경제는 최종 수요와 중간 수요의 변화에 종속돼 있을 수밖에 없다. 최종 수요는 변덕스러운 데다 예측하기가 어렵고, 중간 수요는 다양한 자원의 공급량을 증가시키는 역할을 하는 자본의 운동을 결정한다. 여기서 최종 수요는 거꾸로 다양한 자원의 가격 변동에 의해 왜곡되는데, 이 자원 가격의 변동은 중간 수요의 변동을 나타내는 지표일 뿐 실제 공급 가격과는 무관하다. 투자 대상인 다양한 자원의 수요가 예측불가능하다는 사실 역시 불확실성이라는 요소를 도입한다.

보통 부정확한 가격 신호와 그에 따른 불균형은 시장 경제에 내재하는 요인들에서 비롯된다. 이를테면, 믿을 만한 완벽한 정보의 부재, 다양한 심리적 요인들, 기술 변화의 예측불가능성 등이 그런 요인들이다. 따라서 자원의 급속한 가격 상승이 예상되고 파생 금융 자산이 기대되는 영역으로 단기 투자 자금이 몰리는 현상은 이러한 잘못된 신호를 강화하는 역할을 한다. 그릇된 기대가 잘못된 신호로, 나아가 비현실적인 가격 수준으로 이어지는 것이다.

왜곡과 불균형은 가격 시스템에 축적될 수밖에 없고 이는 투자 오판과 자원의 비효율적인 사용을 낳는다. 이러한 불균형이 충분히 커지면, 이른바 '거품'이 터진다. 과대평가된 자산은 시장의 조정(market correction)을 받게 되고 그 결과로 경제 위기가 발생하는 것이다. 이는 대체로 새로운 가격 비율의 수립과 자산 및 자원의 광범위한 재분배로 이어진다. 재분배는 파산, 인수, 합병 등에서 가장 생생히 볼 수 있지만, 꼭 그렇게만 재분배가 이루어지는 것은 아니다. 투자 자산(특히 회사채 증권과 부동산)의 부실화와 현금 유동성 가치의 상승은 경제 위기 기간에 발생하는 전형적인 현상이고, 이는 수동적 예금자에서 공격적인 기업가로의 자산 재분배를 촉진한다.

원칙적으로 이러한 종류의 변동은 자연스럽고 불가피하며 경제에도 대개는 유용하다. 시장 조정에 대한 인위적인 방해는 오히려 위기의 축적과 효율성의 전반적인 감소로 이어진다. 결국 (지연된, 더욱 파괴적인) 조정은 불가피하기 때문이다. 이러한 관점에서 보면, 반경기정책(anticyclical policy, 케인스의 재정 정책을 일컫는다. 시장이 과열될 때는 세금을 늘리고 정부 지출을 줄이고 시장이 침체할 때는 세금을 줄이고 정부 지출을 늘려서 경기의 충격을 완화시키는 정책—옮긴이)은 유용한 면이 있지만 양날의 칼을 갖고 있다. 반경기정책은 그것이 불가피한 경기 변동을 완화시킨다는 점에서 경제와 사회에 긍정적인 영향을 미친다고 간주할 수 있다. 하지만 이 정책이 때맞은 가격 조정과 자원 배분을 방해하기 시작하면, 장기적으로 치명적인 역할을 하고 결국 경제를 혼란에 빠뜨릴 수 있다.

지금까지 서술한 모든 내용이 2007~2009년 위기에 적용된다. 지금은 선진국 경제 및 세계 경제에 과대평가된 여러 형태의 자산, 즉 수많은 거품들이 쌓여 왔다는 것이 근본적인 사실로 인식되고 있다. 아무도 침체 초창기에 일시적으로나마 거품을 제거해서 관련 자산의 시장 가격을 낮추는 것이 가능했다는 주장을 반박하지 않는다. 달리 말해서 경기 침체는 분명 경기순환적 요인(cyclical factor)에 의해서도 발생했다. 그러므로 가격 비율의 조정으로 이어지는 경제 위기의 일부 현상은 국제 경제에 무해할 뿐 아니라 꼭 필요한 일이었다. 경제의 불균형이 더 경미하고 더 쉽게 처리할 수 있는 시점에 가격 조정이 이루어지지 않은 것이 오히려 후회스럽다고 해야 할 정도다.

그러나 2008년 이전의 거의 10년 동안 전례 없는 활황세를 맞이한 세계 경제는 수요 한계를 완화시켰고 특정 자산 및 자원의 가격을 폭등시켰다. 그 결과 자연스러운 가격 조정조차 고통스러운 결과를 낳을 수밖에 없는 처지였다. 내가 여기서 염두에 두고 있는 것은, 은행 및 기타 금융 회사들의 과도한 자본 평가가 문제된 금융 부문 뿐 아니라 선진국 부동산 시장과 석유 및 금속 같은 국제 자원 시장에서 수년 동안 축적된 과열 양상이기도 하다.

안이한 정부

과거의 상대적 번영은 세계 경제에 또 다른 영향을 미쳤고 이것은 대불황과 긴밀하게 연관되었다. 선진국 정부들, 특히 미국 정부는 개인들이 떠맡은 리스크는 오직 그 개인의 책임일 뿐이라는 원칙을 무시했고, 감독 기관들로 대표되는 정부는 수많은 개인들이 떠맡은 리스크를 공동으로 분담했다. 여기서도 개별경제 행위자들의 이해관계는 가격 상승과 더불어 시장 전체와 개인들에게 해악을 끼치는 조치를 취하도록 정부를 부추긴 요인이었다. 하나의 조처만으로도 가격 급등에 이어 공익의 훼손을 낳을 수 있으므로, 수익을 높이기 위해 리스크를 높이는 한 개인의 결정은 시스템 전체의 안전 영역(safety margin)을 지워버릴 수도 있다.(주2) 개별경제 행위자의 이해관계를 초월해 있는 공적 감독기관만이 대(對)인플레이션 정책을 다룰 수 있는 것처럼, 금융 시스템(나아가 경제 시스템 전체)의 안정성을 지키는 관리자 역할은 오직 국가만이 수행할 수 있다.

현대 국가에서 사기업이나 공기업이 떠맡은 리스크를 통제하는 것은 책임 있는 위치에 있는 정부의 자연스러운 역할이다. 이는 리스크가 시스템 전체의 기능을 마비시키는 지경까지 커지지 않도록 하기 위한 것인데, 과거에는 무시되었던 역할이다. 어떤 정부는 이러한 의무를 공공연히 무시했고 어떤 정부는 암암리에 무시했다. 그러나 결국 책임질 위치에 있는 모든 정당들은 시장은 자정(self-regulation)능력이 있기 때문에 기업체의 리스크와 관련해서 국가의 개입이나 중재를 필요로 하지 않는다는 전제를 받아들였다. 이러한 전제는 특히 미국에서 금융 시장의 규제를 철폐하도록 부추겼다. 1999년의 그램-리치-블라일리 법(Gramm-Leach-Bliley Act) 통과는 이 과정의 이정표와 같은 사건이었다. 이 법은 투자 은행과 상업 은행을 법적으로 분리시킨 1930년대의 글래스-스티걸 법(Glass-Steagall Act)을 대체한 것이다. 부시 정부 하에서는 규제가 최소한으로 줄어들었고, 미덥지 못한 차용인에 대한 대출을 막으려는 어떤 조처도 없었다.

다양한 경제적 리스크를 완화하는 메커니즘이 자연발생적으로 생긴다는 것이 시장의 자정 능력을 옹호하는 근거로 거론된다. 그러나 리스크는 완화되지 않는다. 단지 새로운 자산으로 전이될 뿐이다. 신용부도스왑 같은 경우를 보면, 리스크가 광범위한 자산들로 분배되는 것처럼 보였다. 그러나 실제로는 리스크가 그대로 유지되었고 심지어는 증가했다. 이 과정에서 리스크는 잠재적이고 모호한 형태를 취했고 그랬기 때문에 금융 자산에 대한 경솔한 투자를 부추겼다. 하지만 리스크는 경제의 모든 영역에서 더욱 커지기만 했다.

이렇게 정부는 아무 조처도 취하지 않았기 때문에, 리스크는 부실 자산 매입, 금융기관의 직·간접적 국유화, 압류된 기업 자산의 준(準)국유화 등을 통해 국가로 이전되었다.

무엇이 새로운 점인가?

앞에서 언급한 대로 대불황의 성격과 원인은 전통적인 순환적 요인이나 금융 부문 내의 왜곡과 문제로 환원시킬 수 없다. 경기 하락은 미국 서브프라임 모기지 대출 및 이것과 연관된 금융 파생 상품의 파국적 실패에서부터 주요 다국적 투자 은행의 파산과 유럽 작은 나라들의 금융 시스템의 실질적 붕괴에 이르기까지 경제 행위자들의 행동 방식이 안고 있던 근본적인 문제에 의해 촉발된 것이거나 그것과 밀접히 연관된 것이었다.

이러한 문제들은 거시경제적 균형을 보증하는 메커니즘의 불완전성에 직접 기인한 것이 아니기 때문에, 그것들이 경제에 미친 영향은 위기의 원인(및 양상)으로 완전히 개별적으로 다루어져야 한다. 결국 이러한 문제들은 저마다 특정한 역사적 맥락과 원인을 갖고 있지만, 순환적 요인과 중첩되어 있었고 그래서 우리가 지금까지 목격한 규모로 발현되었던 것이다.

예를 들어, 모기지 대출 채권을 포함하고 있는 투자 포트폴리오의 급격한 가치 하락은 금융 시장의 붕괴를 초래했고 이는 금융기관의 안정성에 대한 투자자 및 금융인들의 신뢰를 앗아갔다. 이어 신뢰의 위기가 발생하고 대출 조건이 강화되었으며 은행 간 시장과 비금융 부문에서의 차입 규모가 줄어들었다. 이러한 신용 경색은 이미 소비자 수요의 급감(특히 장기적으로 사용되는 값비싼 제품 수요)에 의해 치명상을 입은 수많은 회사들의 재무 상태를 한층 더 악화시킨 촉매였다. 동시에 선진국 경제에 불어 닥친 심각한 경기 침체 위험은 석유 선물 시장의 투기적 거래로 이어졌다. 전에는 가격 상승에 베팅을 하고 그에 따라 1년에 세 배씩이나 석유 가격을 치솟게 한 투자자들이 석유 계약을 공격적으로 매각하기 시작했다. 그 결과 석유 가격은 단 몇 개월 만에 2007년 중반 수준으로 내려앉았다. 이러한 가혹한 조정에 영향을 받은 다른 대부분의 제품들도 2008년 하반기에 가격이 급락했다.

결국 2008년의 세계 경제는 전형적인 문제들에 직면하게 되었다. 수요 한계의 압박, 생산 감소, 신용 하락, 고용 수준과 임금 수준을 높이는 데 중요한 역할을 하는 여러 주요 기업들의 파산 등. 달리 말해서, 거의 1년 동안 가장 커다란 주목을 받았고 경제 위기의 어쩌면 거의 유일한 현상으로 간주되기도 했던 금융 파생 시장의 문제들은 다소 낯익은 전형적인 경제 불황에서 절정에 이르렀다고 할 수 있다.

따라서 이러한 현상에 대한 대중의 관심은 통상적인 형태를 띠었다. 교양층을 비롯한 대다수 사람들은 현대 시장 경제의 복잡한 구조나 위기의 진짜 원인보다는 익숙한 물음들에 대한 해답에 더 관심을 쏟았다. 즉, 어떻게 소비자 수요를 자극할 것인가? 국가 기금은 누가, 얼마나 배분할 것인가? 위기에 몰린 기업들은 어떻게 처리할 것인가? 국가의 제조 기반을 지키기 위해 보호무역주의를 도입해야 하는가? 그렇다면 보호무역주의를 어느 수준까지 시행할 것인가? 달리 말하면, 이 주제에 대한 거의 모든 논평가는 표준적인 반경기 정책—이율 조정, 세금 감면, 사회 기반 시설에 대한 국가 지출 증가, '사회적으로 중요한' 기업에 대한 선별적 국가 지원—이 불황의 충격을 완화시키고 그 종식을 앞당길 것이라는 전제에서부터 출발했다. 그들은 또한 설사 이러한 수단들이 잘 통하지 않는다 해도 경제는 1,2년 안에 축적된 불균형을 해소하고 왜곡을 제거하고 새로운 역동적 성장기를 열어젖힐 수 있는 필수 조건들을 자동적으로 만들어낼 것이라고 가정했다.

이러한 가정은 정부 관료, 감독기관, 은행가, 애널리스트 등 다양한 위치와 영역에 있는 사람들에게 널리 공유되었던 듯하며, 그에 대한 옹호도 수없이 등장했던 것 같다. 그러나 이러한 주장은 위기에 당연히 내재하는 통상적인 경기 하강 국면의 속성들 말고 그 너머의 본질적인 현상을 간과한 것이기 때문에 완전히 틀린 진단이었다. 그 본질적인 현상을 알기 위해서는 좀 더 폭넓은 역사적 맥락을 참조해야 한다.

역사적 맥락의 낡은 문제

21세기 초의 대불황은 두 가지 방식으로 이해할 수 있다. 한편으로는 앞서 살핀 대로 불황의 모든 요소들이 과거에도 이러저러한 형태로 (한 번 이상) 나타났던 것이고, 이번 위기에 근본적으로 새로운 현상은 전혀 없었다. 다른 한편으로 우리는 다른 각도에서 이번 위기를 바라볼 수 있다. 우리는 왜 현대 자본주의 경제의 작동 방식에서 아무런 근본적 변화를 보지 못했던 것일까? 아니면 단지 경제 및 금융 당국이 그 변화를 간과했던 것일까? 20세기 내내, 특히 20세기 후반기에 상당한 기술적 · 사회적 진보가 경제에 영향을 미쳤다. 전문가들은 지식과 기술을 축적했고 국가 및 공공 기관의 역량도 향상되었다. 지난 몇 년 동안 금융 시장을 감독하는 역할을 맡는 새로운 기구가 생겼고, 시장의 원활한 기능을 위한 제도적 · 법적 장치도 수준이 향상되었다.

제2차 세계대전 이후의 경제 연구는 전쟁 이전보다 발표 양이나 다루는 주제 면에서 10배 이상 증가했다. 연구를 위해 수집한 자료와 활용 가능한 수단 역시 비약적으로 증가했다. 수리경제학과 계량경제학의 강력한 학파가 등장해서 정밀과학 분야의 권좌를 노렸다.

인간 사회의 법칙이라는 좀 더 폭넓은 맥락에서 경제 현상에 대한 논리적 결론을 유도하는 고전경제학과 제도경제학의 작업은 사실상 예술의 한 분야로 재분류되었다. 반면 경제 과학에는 오직 하나의 과제만 주어졌다. 다양한 경제 리스크의 정확한 계산을 비롯한 경제 변수들 사이의 의존성(dependency)과 상관성(correlation)의 엄밀한 수학적 공식화가 그것이다.(주3) 많은 사람들은 20세기 중반에 비해 경제 상황을 이해하는 수준이 훨씬 더 높아졌고 온갖 상황 변화나 요인들에 대한 경제 상황의 반응 양상은 수학 공식으로 표현할 수 있을 뿐 아니라 심지어는 소수점 이하 세 자리까지 정확하게 계산할 수 있다고 생각한다.

경제 정책에 관한 문제로 눈길을 돌리면, 20세기의 마지막 순간까지 거시경제적 지표와 매개 변수 사이의 상호의존성을 연구했던 것으로 보인다. '거품'의 메커니즘에 대해서는 20세기 이전의 전체 경제학 역사에서 나왔던 글보다 더 많은 글이 20세기에 쓰여졌다. 전통적으로 시장의 불확실성과 리스크를 야기하는 주요 원인 중 하나로 정보의 결핍이 언급되었다. 하지만 과거 수십 년 동안 정보를 수집하고 처리하는 현대 사회의 능력은 비약적으로 향상되어 대담한 상상력 이상의 능력을 보여주게 되었다.

리스크 헤지 및 보험 시장에도 새로운 수단들이 등장했다. 그러한 수단들을 제공하는 시장조직들은 모든 종류의 리스크를 완화시키는 역할을 하는 규제기관들의 감독을 받고 있다. 리스크를 직업적으로 연구·추적하는 전문가들, 그리고 일반 시장 참여자들은 리스크에 대비할 수 있는 새로운 수단들을 지속적으로 제공받고 있다. 투자 은행과 회사들은 강력한 분석 부서를 설치했다. 금융 회사 및 주요 제조 회사들, 무역 회사들 역시 거시경제적 동향과 그것이 리스크에 미치는 영향 등을 추적하는 분석 부서를 사내에 설치했다. 신용평가기관은 최고의 애널리스트를 하늘 높은 연봉으로 고용해서 차입자와 증권 발행인의 신용도를 부지런히 조사했다.

최근의 경제 관련 도서를 살피면, 노골적으로든 암시적으로든, 앞으로 더 이상은 몇 년 동안 지속되는 광범위한 위기가 찾아오지 않을 것이라는 주장이 담겨 있다. 이러한 책들은 오늘날의 금융 당국이 심각한 불균형과 편차를 어떻게 피하거나 막을지 알고 있으며 정보를 대조·분석하는 새로운 방법이 가장 위험한 상황 전개를 감지하고 통제할 수 있는 전례 없는 능력을 금융 당국에게 부여했다는 통념을 반영한 것일지도 모른다.

하지만 이러한 통념이 맞다면, 무엇이 그토록 심각하게 잘못되었던 것일까? 왜 정부 감독기관과 기업들은 조직상으로나 심리적으로 경제 불안에 그토록 무방비 상태였던 것일까?

후속 장들에서도 상세히 다루겠지만, 내 대답은 이렇다. 공동선과 경제적 안정성보다 기득권에 좌우된 경제 정착 및 경제 관련 사고방식이 결국 경제 불안을 야기했다는 것. 정직하고 책임 있는 접근보다 잘못된 전제, 그리고 불편한 경제 현실에 대한 의도적 무시에 기반을 두고 정책이 결정되었고 이기적으로 행동하는 정책 수행자들이 오히려 명망과 승진, 높은 연봉, 다양한 특전 등으로 보상받고 개인적인 리스크와 책임을 회피하는 상황이 벌어졌다. 이러한 정책 결정 방식이 바로 레알에코노믹의 토대이다.

잘못에 대한 사적인 비난은 진지한 시도가 아니었다. 수십 명의 유명 인사 목록을 작성하고 그들만이 위기에 책임을 져야 한다고 선언하는 것은 황색 저널리즘에서나 통할 일이다. 스스로 경제학자로 자처하는 일부 인사들은 하나의 혹은 여러 개의 잘못된 결정—예컨대, 금리 인상 대신 금리 인하를 단행한 일—이 전 세계적인 경기 부침의 진짜 원인이고 심지어는 현대 자본주의의 붕괴를 낳을 것이라고 주장한다. 하지만 이러한 설명은 너무 피상적인 수준이다. 주식 시장 붕괴, 금융 시스템의 국제적 위기, 전 세계적 경기 침체와 같은 복잡한 현상의 원인들은 깊이나 규모 면에서 실제 현상 자체와 맞먹는 수준이 되어야 한다.

만약 한 개인의 잘못이 그처럼 파국적인 결과를 빚을 수 있었다면, 현재의 지적·제도적 능력으로는 틀린 결정들을 거의 자동적으로 탐지해서 수정할 수 있고 나아가서 세계 시장 및 국제 경제 전체의 안정성을 지킬 수 있는 경제 규제 메커니즘을 만드는 것도 불가능한 일이 아닐 것이기 때문이다.

해답을 얻지 못한 의문들

그렇다면 그처럼 떠들썩하게 선전된 경제학과 규제 능력의 눈부신 향상조차도 순환적 요인에 대한 시장 경제의 면역력을 키우지 못한 이유는 무엇이었을까? 왜 그러한 발전조차 자본주의 경제의 근본적인 제도들을 위기에 빠뜨렸던 것일까? 왜 세계 최대 규모의 경제에서도 부채는 양적으로나 질적으로 감독 기관의 통제를 충분히 받지 못한 것일까? 수많은 담보 증권들 사이에서 왜 '폭탄'은 연달아 터졌던 것일까? 그리고 왜 이러한 사태들은 매번 이론적으로는 리스크의 증가를 알 수 있었고 알아야 했던 사람들에게도 충격으로 다가왔던 것일까? 마지막으로 왜 대중과 경제계는 정부의 위기 대책이 널리 선전되고 감독기관들이 거듭해서 안정성을 보장했음에도 그들의 역할을 가차 없이 없애는 방식으로 미래에 대한 불신을 노골적으로 표명했던 것일까?

이상하게도 이러한 물음들은 좀처럼 제기되지 않는다. 설사 이러한 물음이 제기되어도 상세한 답변을 얻는 경우가 드물다. 이 책의 후반부에서 나는 이러한 질문들이 전문가들 사이에서 왜 인기가 없는지 자세히 설명할 생각이다. 그러나 지금은 경제 정책론의 영역에서는 이 질문들에 대한 해답을 얻기가 어렵다는 점만 분명히 하고 넘어가겠다. 위기가 단지 부적절한 자료나 잘못된 판단, 정책 결정 직전에 읽은 오류투성이 책의 문제라고 믿는 것은 너무 순진한 발상이다. 위기는 또한 특정 결정권자의 오판이나 부패 행위 탓으로 돌릴 수도 없다. 2007~2009년에 세계 금융 시장에 벌어진 일을 진지하게 검토하려면, 공적 감독기관과 통제기구 뿐 아니라 세계 주요 경제의 금융 엘리트들이 갖고 있는 행동 동기와 한계에서 기인한 시스템 전반의 실패를 명확히 설명하는 것이 필요하다. 나는 사회적 요구와 장기적인 안정적 성장에 헌신하는 결백한 관료들이 잘못된 정책을 결정하는 바람에 위기가 발생했다는 견해를 거부한다. 문제의 핵심에는 사회적 책임감의 쇠퇴에서 비롯된, 그리고 도덕적 지침에 기반을 둔 자정 메커니즘의 역할 감소에서 비롯된 대중의 무관심(public negligence)이 있다. 우리가 일차적으로 주목해야 하는 것이 바로 이 점이다.

내가 던진 수사적인 질문들은 약간 다른 각도에서 살펴볼 수도 있다. 지난 세기의 특징을 결정한 것은 전문가들이 주저 없이 받아들인 두 가지의 위험한 명제이다. 첫째, 지식의 축적은 인간 사회에 영향을 미칠 수 있는 드넓은 기회를 마련해준다. 둘째, 인류는 특정한 진보의 길을 따르며, 지식인들은 그 길을 알고 있다.(주4) 당연히 두 번째 명제에는 단서가 따른다. 사회적 진보의 의미는 다양하게 해석될 여지가 있었고, 그 때문에 지난 세기는 지적 투쟁, 심지어는 무력 투쟁으로 점철돼 왔다는 것. 물론 선진국 여론 주도층의 대다수는 지적 노력만으로도 최적의 경제 및 정치 질서 모델을 만들어 현존 사회를 유지·관리하는 데 유용하게 사용할 수 있다고 생각한다. 냉전 시대에 결국 소련이 패배한 것은, 최적의 모델이 이미 완성되었다는 서방 세계의 정치 및 경제 엘리트들의 믿음을 강화시켰다. 그 최적의 모델은 정의상 유일하게 올바른 모델이었다.

냉전의 승리는 미국에게 다양한 정치적·경제적 영향을 미쳤는데, 미국에게나 서방 세계에 그 영향이 모두 긍정적이었던 것은 아니다. 적절한 시점에 이 문제를 다시 언급하겠다. 여기서는 다만 서방 세계가 올바른 길을 밟아 왔다는 서구 엘리트들의 믿음이 종국적인 위기를 낳은 필수 조건이었다는 점을 강조하겠다.

우선 이러한 자만심이 지난 몇십 년 동안 왜 눈에 띄게 증가했는지 이해하려고 하면, 서방 세계가 품고 있던 그 밖의 다른 가정들도 찾을 수 있을 것이다.

Don't Worry, Be Happy

첫째, 그러한 자신감의 바탕에는 완벽하게 객관적인 이유들이 있었고 어느 정도는 실질적인 근거들도 있었다. 1980년대와 1990년대에 미국 경제는 여러 차례 경기순환에 따른 위기를 맞을 수 있었지만, 당국이 연방준비은행(Federal Reserve)의 자금으로 위기의 싹을 잘라낼 수 있었다. 이러한 개입이 장기적인 경제 발전을 위해 필요한 (불균형을 해소하는) 시장의 자정 능력을 훼손한 것은 아니다. 미국의 금융 당국이 경기순환에 따른 하강 추세를 막는 데 성공했을 따름이다. 이러한 성공은 자연발생적인 경기변동(economic fluctuation)과 시장변화조차도 상당 수준까지 통제할 수 있다는 믿음을 낳았다. 달리 말하면, 경제학은 경제 현실을 설명할 수 있을 뿐 아니라 경제 발전에 실제적인 영향을 미칠 수 있다는 주장을 뒷받침할 만한 일이 벌어진 것이었다.

둘째, 우리는 "낡어 부스럼 내지 말라(If it ain't broke, don't fix it)"라는 격언에 담겨 있는 심리 원칙을 고려해야 한다. 만약 모든 것이 잘 돌아간다면, 나라와 나라의 중요 인물들이 눈에 띄게 부유해지고 있다면, 자기 나라는 문제가 완전히 사라지지는 않았어도 문제의 심각성이 약해진 반면 다른 경쟁국들은 온갖 문제에 묻혀있다면, 굳이 숨은 의제를 찾아내 아직 오지 않았고 앞으로도 영원히 오지 않을지 모르는 위기를 경고할 필요가 있겠는가? 이러한 고의적인 무시는 경제계와 정계에 모두 영향을 미쳤다. 경제계는 의도적으로 그러나 은연중에 경영책임을 정부에 맡겼고, 정치인들 역시 이미 사태가 잘 돌아가고 있다면 그것이 갑자기 나빠질 일은 없다고 안심했다. 그리고 전문 경제 이론가들은 자유 시장이야말로 보편적인 조정자(universal regulator)라는 믿음이 새로 널리 확산되는 풍조에 편승해서 최악의 경제인이라 하더라도 유능한 정부보다 경제에 대해 더 잘 알고 더 효율적으로 행동하게 돼 있다는 논리에 만족하고 있었다. 이러한 태도는 사회 전반의 병적 행복감을 드높였고, 시장의 리스크를 줄이기 위해 행정적 제한이 필요하다고 주장하는 사람들이 정부와 경제계에서 영향력 있는 옹호자를 찾기 어렵게 만들었다.

셋째, 심리적·사회적 안정감은 순응적인 태도와 묵인하는 분위기를 조장했다. 이른바 반향실 효과(echo-chamber effect, 폐쇄된 공간에서 비슷한 정보와 아이디어가 돌고 돌면서 점차 강화되는 현상—옮긴이)였다. 이러한 경향은 경제, 과학, 정치 분야의 성공한 사람들(공개적인 발언의 전거로 그 이름만 인용해도 대중에게 경외감을 불러일으키는 사람들)뿐 아니라 수많은 무명의 '애널리스트'에게 영향을 미쳤다.

이러한 점에서 보면, 최근까지도 위기 발생 이전의 15년 내지 20년 동안 서방 세계를 풍미하던 경제 모델에도 약점이 있다는 점을 암시조차 하지 않았던 그 유명 인사들이 2009년 초에 갑자기 시스템의 급격한 붕괴가 우려된다고 말하기 시작한 것은 무척 놀라운 일이다. 2009년 2월 컬럼비아 대학교에서 열린 한 세미나에서 발표된 연설들을 예로 들 수 있다. 경제 지도자들은 "우리는 금융 시스템의 붕괴를 목도했다" 혹은 "세계 금융 시스템은 사실상 무너졌다"는 식의 과장된 주장을 펼친 후에, 위기 이전의 자본주의 모델 전체를 한 목소리로 비난했고 그것에 '금융 자본주의'라는 명칭을 붙였다. 겨우 1년 전만 해도 시장의 자정 원칙을 수정할 필요 없이 약간의 유동성만 공급해도 충분히 바로잡을 수 있는, 금융 부문의 사소한 잡음 정도로 여겨졌던 경기 침체가 별안간 "시장 시스템의 기능에 전환점"이 될 만한 사건으로 규정되기 시작한 것이다.

그 의도와 목적이 무엇이든 주류의 의견에 동의하고 싶은 욕망은 1990년대 이후 서방 세계의 경제계와 준(準)정계 엘리트들 사이에 팽배해 있던 근거 없는 낙관론과 무사안일주의를 설명할 수 있는 중요한 요인이다.

넷째, 추가적인 문제와 관심 사항을 생각하지 않으려는 심리적 경향에 더해 외부 압력의 감소 역시 중요한 역할을 했다. 제2차 세계대전이 끝난 후 처음 40년 동안은 소련과의 군사적 대결 위협과 그에 따른 군비 지출이 객관적인 규제 요인으로 작용했다. 그것은 서구 사회 내부에 긴장을 조성했고 경제 정책을 비롯한 정부 정책의 약점과 위험을 강조하는 비판가들의 주장을 경청하게 만들었다. 물론 이 사실이 대단히 강력한 요인이었다고 말할 수는 없다. 내부 비판은 종종 자기만족과 악습의 용인에 굴복했기 때문이다. 그러나 냉전이라는 소모적 대결은 사회 분위기를 규제하고 각성시키는 역할을 했다. 적어도 그것은 미국 정부가 금융 시장을 통제할 수 있는 여건을 만들었고, 금융 시장의 건강은 국가의 경제 안정에 꼭 필요한 요소로 간주되었다.

마지막으로 수십 년 동안 풍요롭고 평화로운 시절이 이어지자 새로운 세대가 출현했다. 그들은 궁핍을 전혀 모르고 현존 세계 질서의 존립 근거를 캐묻기보다는 세상이 올바른 방향으로 나아가고 있다고 자족하는 경향이 있었다. 가장 좋은 토양에 '보편적 진보'라는 관념이 심어졌고 그에 걸맞은 열매가 맺어진 셈이었다. 많은 사람들이 이 문제에 대한 고민을 가볍게 회피한 것만은 아니었다. 그들은 오히려 현대 세계에 대한 이데올로기적 질문에는 최종적인 해답이 주어졌고 아직 옳은 해답을 접하지 못한 사람을 설득하는 것(혹은 무력으로 강요하는 것)은 무척 쉬운 일이라고 믿었을 뿐이다. 상당수의 사람들이 이러한 문제에 대한 고민을 그만두고 개인적인 성공에 매달렸으며 공적 이슈에 대해서는 '포스트모던'한 무관심으로 일관했다.

이 모든 요인들이 한데 뭉쳐서 선진국의 발전 경로가 올바르며 기존의 경제 성장 패러다임으로 경제 문제를 해결할 수 있다는 집단적인 확신을 낳았다. 이러한 자신감은 거꾸로 금융 부문의 위험과 긴장이 증가하는 우려스러운 경향조차 간과하게 만들었다.

행위 규범의 문제

최근의 출판물과 연설 등을 보면, 오랫동안 쌓여 온 경제 발전의 부정적인 양상에는 특정한 도덕적 맥락이 있다는 언급이 점점 더 자주 눈에 띈다. 물론 이 문제에 대한 해석도 점점 더 많이 나오고 있다.

처음에는, 그러니까 2008년 가을만 해도 위기에 대한 도덕적 평가는 투박하고 조야한 수준이었고 완전히 비과학적이었다. '탐욕스러운 월스트리트 은행가들', 그리고 헤지펀드 매니저나 모기지 업체들의 '무책임한 행동'에 대한 분노만이 팽배했다. 물론 탐욕과 무책임, 자신 및 타인의 돈으로 과도한 리스크를 감수하려는 성향 등은 인간의 영원한 악덕이다. 지금이라고 셰익스피어 시대 혹은 자본주의의 초창기보다 악덕이 더 만연하는 것은 아니다.

게다가 인간은 본성상 기억 범위가 좁다. 특히 불쾌하거나 고통스러운 사건, 수치심이나 모호한 감정을 불러일으키는 사건에 대해서는 더 좁다. 하지만 이번 위기에 연루된 투자자들이 품위를 완전히 잃었다는 주장은 아무리 큰 소리로 외쳐도 쓸모가 없고 일시적인 효과밖에 거두지 못할 것이다.

그러나 결국 위기를 촉발한 사건의 도덕적 측면은 좀 더 합리적이고 이성적인 주목을 받기 시작했다.

도덕적 측면에 대한 언론의 끈질긴 강조는 적어도 두 가지 양상을 띠고 있다. 한편으로는 점점 더 많은 사람들이 도덕의 중요성을 인지할 수 있었고 또 인지했어야 마땅하다고 생각하게 되었다. 처음에는 언론인들만 도덕적 문제를 언급했다면, 몇 달 후에는 미국과 유럽 정치인들이 공개 석상에서 비슷한 이야기를 꺼내기 시작했다.

이러한 추세는 유럽의 정치 지도자들, 누구보다도 사르코지와 메르켈의 발언에서 절정에 이르렀다. 프랑스와 독일 지도자들은 이른바 금융 자본주의의 역사적 교착 상태 혹은 '비도덕성'을 비난했고, 이것을 '생산 자본주의(capitalism of production)'와 대비시켰다. 미국 대통령에 새로 취임한 버락 오바마는 도덕적 가치라는 관점에서 금융 부문의 의심스러운 관행을 체계적으로 밝히는 작업에 착수했다. 오바마는 취임 연설에서도 미국 경제의 허약함은 "일부 사람들의 탐욕과 무책임이 낳은 결과"이지만 결국 "견고한 선택을 하지 못한 우리의 집단적인 실패"라고 지적했다. 여기서 중요한 것은 오바마가 개인의 탐욕과 허위뿐만 아니라 집단적인 태도까지 강조하고 있다는 점이다. 이것은 내가 강조하고 싶은 점이기도 하다. 즉, 경제의 난제는 개인들의 악덕(이것은 자연적이고 영원하다)에서만 생기는 것이 아니라, 개인의 행동을 완전히 다른 방향으로 바꿀 수도 있는 일반 대중의 태도와 행동에서도 생긴다는 점이다.

결국 어느 시점부터 일급의 권위 있는 경제학자들도 불건전한 도덕적 기준이 경제 위기의 주범이라고 말하기 시작했다. 동시에 법조계 인사와 많은 실직자들 뿐 아니라 지식인과 부자, 기타 정치적으로 영향력 있는 사람들 사이에서 낮은 도덕적 기준에 대해 말하는 것으로는 부족하고 그 낮은 도덕적 기준이 경제에 악영향을 미쳤음을 인정해야 한다는 의식이 널리 퍼졌다. 많은 사람들이 공공 생활의 윤리적 규범 및 규범의 일관된 적용과 공공 제도의 기능 사이에 밀접한 관련이 있다는 사실을 점점 더 분명하게 느끼고 있는 것이다.

실제로 탐욕이나 거짓 같은 악덕을 도덕적으로 지탄하는 대중의 반응을 이끌어 내기 위해서는 법적 규준 및 법적 구속력을 뛰어 넘는 행위 규범을 세우고 사회 제도가 필요하다는 점에 대해 많은 글이 쓰여졌다. 하지만 사회 내 도덕규범의 견고함과 주가지수의 등락 및 모기지 대출금의 증권화 사이에 직접적인 연관성이 있다는 점을 주목한 사람은 거의 없었다. 경제 위기 이전 시기에 도덕적 결함에서 비롯된 요인들이 단기적인 경제 상황을 압박할 것이라고 예상한 사람은 전혀 없었다.

2008년 가을 이전의 상황을 보면, 경제학자들과 감독기관들은 미국 내 금융 시장의 거의 모든 문제에 주목했지만 공공 도덕 및 기업 윤리에 대해서는 관심을 기울이지 않았다. 이 문제들은 경제 분석의 범위 밖에 있다고 여겨졌고, 경제 발달 상황을 지켜보고 상업적 및 정치적 위험을 평가하고 시장 규제에 필요한 방법을 추천하거나 직접 규제에 나서는 전문가들의 관심 사안이 되지 못했다.

미국 모기지 채권 시장의 참화가 전 세계적 경기 침체의 원인으로 밝혀진 후에도, 언론이 월스트리트의 탐욕을 고발하고 회사의 곤경에 직접 책임 있는 경영진들이 정작 엄청난 보너스를 받은 사실을 집중 보도할 때조차도, 정부 고위 관료와 회사 중역들의 도덕적 파탄은 제대로 조사되지 않았다. 지금도 이러한 도덕적 파탄

이 현대 자본주의에 가해진 광범위한 충격의 본질적 원인으로 여겨지지 않는다. 금융위기조사위원회가 작성한, 2007~2009년 위기의 원인에 대한 가장 권위 있는 보고서는 경제 위기의 요인 중 한 가지로 "책임과 윤리의 전면적인 붕괴"를 지적하고 있다. 그러나 보고서는 그것을 위기의 주요인이 아니라 위기를 악화시킨 부차적인 요인으로 간주한다. 게다가 보고서는 권한을 가진 사람들이 붕괴의 전조를 확인하는 것도 꺼리고 최악의 상황을 피하기 위한 조치를 취하는 것도 꺼렸다는 사실만을 정확히 지적했을 뿐, 왜 그들이 행동에 나서지 않았는지, 왜 위험한 신호를 짐짓 모르는 척했는지는 물음표로 남겨두고 있다. 사실 윤리 문제는 사회 전체보다 경제 분야에서 중요한 역할을 맡은 개인들과 더 관련 있는 문제로 여겨지고 있다. 사회는 단지 개인적인 무능함과 의무 방기, 노골적인 기만 등을 감내할 처지라는 식이다.

이상이 내가 오늘날의 상황을 보는 방식이다. 그리고 나 혼자만이 이렇게 인식하고 있는 것은 아니다. 자본주의의 화신이라 할 수 있는 사람들─자본주의 체제에서 추방당한 사람들이 아니라─조차 오늘날의 자본주의가 어떤 한계, 그러니까 과거의 사회관과 경영관으로는 더 이상의 발전이 불가능한 한계에 도달했다고 말하기 시작했다는 것은 무척 징후적인 일이다. 만약 현대 사회에서 도덕 원칙이 약화된 것이 위기의 근본 원인이라면(이 책의 나머지 부분은 바로 이 점을 레알에코노믹과 연관 짓는 데 할애할 것이다), 위기의 직접 원인들 및 경기 침체의 반등 가능성에 관한 이견들은 부차적인 문제이다.

아마도 이 책이 출간될 즈음에는, 반위기 정책 때문에 혹은 그 정책과 무관하게 세계 금융 시스템이 더 극심한 혼란에 빠지지 않은 채 경기 침체가 막바지에 이를 것이다. 그럼에도 불구하고 원칙들 혹은 도덕적 경영 대 레알에코노믹의 대립은 결국 우리 경제의 미래를 위태롭게 할 것이다.

사실 2010년 가을에 미국 경제연구소(National Burea of Economic Research)는 세계 최대 경제국의 경기 침체가 2009년 6월에 끝났다고 선언했다. 그러나 그때도 미국 경제연구소는 이번의 경제 위기가 적어도 실직이라는 면에서는 1929~1933년의 대공황 이후로 최악의 상황이었다고 진술했다. 2007년 12월 이후 18개월 동안 8백만 명 이상이 직장을 잃었는데, 이는 1973~1975년과 1981~1983년의 16개월 동안의 기록을 능가하는 수치다. 미국 경제연구소는 경제가 정상적인 수준으로 회복했다고 발표하지는 않았다. 일부 경제학자들은 다음 몇 년 동안 공식적으로 10퍼센트에 육박하는(비공식적으로는 18퍼센트에 이른다는 설도 있다) 미국의 실업률을 낮출 만큼 경제가 성장할 가능성이 없다고 예상하고 있다. 게다가 많은 기업들은 거의 제로 퍼센트에 가까운 금리 덕분에 값싸게 빌릴 수 있었던 자금을 쌓아두고 있거나 경기부양 지원금으로 받은 돈을 대량 고용 대신 기술 투자에 쓰고 있다. 한편, 몇몇 신흥 시장국의 경제를 제외하면, 일본에서 유럽에 이르기까지 지속가능한 성장 전망이 어두운 실정이다.

세계 경제 회복이 단지 정치 홍보가들의 상상에 그치지 않고 실제로 현실화된다 해도, 그것이 금융 자본주의 모델의 핵심에 존재하는 도덕적 모순이 사라지리라는 것을 뜻하지는 않는다. 그 도덕적 모순은 21세기 초엽부터 세계 시장 경제에서 중요한 자리, 어쩌면 지배적인 자리를 차지하고 있다. 따라서 레알에코노믹에 의해 도덕적으로 파산한 경제 및 공공 정책을 복구하는 것은 긴급한 과제이다.(주5)

다음 장들에서 나는 지난 몇십 년 동안 경제 분야에서 도덕적 요인들이 어떻게 과소평가되었는지 살펴보고 그것을 바로잡을 방안을 제시할 생각이다. 하지만 우선은 도덕성과 경제 활동을 왜 인간 사회의 서로 다른 차원이 아니라 사회 유기체의 단일한 측면으로 이해해야 하는지를 논의할 것이다. 특히 기업 활동이 근본적인 윤리적 가치에 얼마나 순응하는지는 경제 성장의 강도 및 질적 수준과 밀접한 연관이 있다는 점에 진지하게 주목해야 한다. 이 연관성은 통상적으로 생각하는 것보다 집단의식에 더 직접적이고 즉각적인 영향을 미친다.

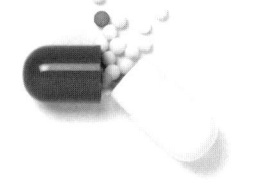

2

자본주의, 시장,
그리고 도덕성

신뢰

시장 경제의 생존과 효율성이 인류의 생물학적 기질에 잠복해 있거나 사회적으로 규정된 (도덕성을 비롯한) 행위 규범 및 가치 규범에 달려 있다는 사실을 부인할 사람은 오늘날 거의 없을 것이다. 이러한 관련성은 주로 시장 경제 내 행위자 간의 신뢰가 중요한 역할을 하기 때문에 생긴다.

중재자 및 기록자로서의 정부의 신뢰성 뿐 아니라 행위자 간의 상호 신뢰가 이론적으로나 실천적으로 시장 관계 형성에 핵심적인 역할을 한다는 사실은 오랫동안 당연하게 여겨졌다. 이러한 신뢰는 가장 단순환 교환 관계에서 시공간적으로 멀리 떨어져 있는 행위자 간의 복잡한 시장 관계로의 변화를 가능하게 했다. 오늘날의 자본주의에서도 신뢰는 금융 및 생산 행위에서 여전히 핵심 역할을 하고 있고 저축율과 은행 예금률, 산업 및 금융 자산에의 투자 성향, 저축과 투자 선호도, 국제 현금 흐름의 규모와 같은 중요한 경제 지표에 반영되고 있다.

국가나 공공 기관이 경제 행위자 간의 공신력을 높이는 정책을 쓰면, (외국인의 직접 투자 등) 투자를 자극하고 저축률을 바람직한 수준으로 유지하거나 높일 수 있다. 신뢰는 또한 감독기관이 금리를 조정하거나 경제 행위자들의 활동을 통제할 수 있는 여지를 높인다. 이로써 경제 전반에 영향을 미칠 수 있고 외부의 부정적 영향을 최소화하거나 아예 없앨 수도 있으며 경제 성장을 자극하고 장기적으로 경제의 질적인 성장을 도모할 수 있다. 그러나 이러한 신뢰에 금이 간다면, 아무리 경제 규칙을 잘 알고 통제 시스템과 최첨단 감독 장비를 구비하고 있다고 해도 경제 시스템의 오작동을 지적해야 하는 정책 담당자나 정부 기관의 능력이 심각한 훼손을 입게 된다.

물론 신뢰는 리스크를 완전히 제거하지는 못한다. 개인이나 기업들의 경제 활동은 시장 참여자들의 주관적 평가와 같은 심리적인 요인에 영향을 받을 수밖에 없다. 따라서 감독기관이 아무리 복잡하고 정교한 방법으로 리스크를 추적하고 평가한다 해도 경제 시스템 내에서 불확실성을 완전히 제거할 수는 없다.

모든 경제 행위자들은 얼마나 많은 정보를 갖고 있는지와 상관없이 다른 시장 참여자들이 상황 변화에 따라 어떻게 행동할지 평가하게 마련이다. 특히 사람들은 정치나 문화 영역에서보다 경제 분야에서 더 합리적으로 행동한다고 여겨진다. 이는 전문 경제인들의 경우에 더 확실한 가정이라고 할 수 있다. 그들의 기업 활동은 특별히 합리적이라고 기대할 수 있기 때문이다. 하지만 누군가의 행동을 완벽하게 예측하는 것은 불가능하다. 실생활에서는 그런 일이 생길 리도 없지만 설사 그 사람에 대해 완전하고 정확한 정보가 주어진다 해도 마찬가지다. 이것이 바로 특정한 경제 행위나 결정에 기인하는 리스크 수준을 정확히 계산하는 게 불가능한 이유다. 이와 다르게 생각하는 것은 희망 사항에 불과하며, 리스크가 없는 판단이라고 확인해 줄 수 있는 어떤 공식화된 방법이 있다는 주장은 지적인 기만술일 뿐이다.

종국적으로 보면, 기업 활동에서 어떤 결정을 내린다는 것은 각 개인이 기꺼이 시장 관계에 들어가서 거래 상대방의 행위에 의존하기로 했다는 것, 그럼으로써 자신의 가용 자원을 리스크에 처할 의향이 있다는 뜻이다. 이때 자신과 타인의 경험만이 유일한 현실적 기준이 되기 때문에, 지속적인 신뢰는 시장이 원활하게 기능하는 데 필수적인 요소다.

이렇게 볼 때, 자본주의 시장 경제의 장기적인 미래는 경제 정책 담당자 및 행정 기관의 공신력을 어떻게 확보하고 강화하느냐에 달려 있다. 이것이 불가능하면, 개별적인 문제를 해결하거나 경제계의 단골 불만 사항—조세 부담, 허술한 법망, 부실한 기반 시설, 지나친 관료주의 등—을 시정하려는 모든 노력은 물거품이 될 것이다.

공신력을 확보하고 강화할 수 있는 능력을 잃게 되면, 국지적으로 위험한 상황이 연출되고 전 세계 경제에는 파국적인 결과를 낳을 수 있다. 나중에 더 상세히 다루겠지만, 세계화는 국지적인 혼란을 전 세계적인 위기로 급속히 전환시키기 때문에 오산과 실수의 대가를 배가시켰다. 따라서 주요 경제에서 신용이 급속하게 하락하면 자본주의에 어떤 영향을 미칠지 아무도 예측할 수 없는 전 세계적 위기가 도래하는 것이다.

공공 기관 및 시장 제도에 대한 경제 행위자들의 신용에 약간의 변화만 생겨도 금융 지표는 강한 충격을 받게 된다. '실물' 부문에서 생산, 물가, 투자 지수가 연간 10 내지 20퍼센트가 바뀌면, 금융 부문의 활동 수준이나 물가 수준은 그보다 몇 배 이상 변하게 된다. 금융 부문은 투자자들의 태도 변화에 더 민감하게 반응하기 때문이다. (예를 들어 주가는 몇 개월, 아니 단 몇 주 만에 수십 퍼센트 변하곤 하는데, 이를 회사가 처한 시장 환경의 변화로 설명할 수는 없다. 이것을 설명할 수 있는 유일한 요인은 기대치와 신용도의 급격한 변화이다.) 따라서 전반적인 경제 활동에서 금융 부문이 맡은 역할이 클수록, 신용의 변화와 같은 우발적 요소에 경제가 반응하는 양상은 더 급격할 수밖에 없다. 결과적으로 투자 및 소비자 수요의 가변성이 클수록 경제 활동은 어떤 구체적인 이유 없이도 더 쉽게 망가질 수 있다.

도덕성의 가치

신용은 공공 도덕의 존재와 관련이 없을 수 없다(어쩌면 가장 밀접한 관련이 있을지 모른다). 상품의 생산과 교환, 저축, 투자 등 기본적인 경제 활동을 촉진하는 것은 국가의 법령이라기보다는 도덕성이다. 매일 수백 만 건 이루어지는 경제 거래에서 개인들이 상대방의 계약 파기나 사기 가능성을 염려할 필요 없이 거래를 진행하기 위해서는 서로에 대한 신뢰가 필요하다. 이러한 상호 신뢰를 제공하는 것이 바로 도덕성이다. 공공 도덕이 없다면, 오늘날의 경제 행위 대다수가 불가능해질 것이다. 계약 이행을 보장하는데 엄청난 비용이 들기 때문이다.

이 과정에서 중요한 것은 도덕 원칙이다. 국가가 시장 관계의 규칙을 따르도록 강제하는 것은, 특히 시장의 자정 기능이 제 역할을 할 때는 비효율적인 일이 된다. 경제 행위자들이 아무런 외적 강제 없이 규칙을 준수하는 경우가 아니기 때문이다. 사람들이 도덕적 책임감이라는 원칙에 충실할 때에 외적 강제 없이 규칙을 준수하는 분위기가 조성된다. 이를테면, 경제 행위자 열 명 중 아홉 명이 규칙을 준수하는 이유가 일상적인 국가의 강제 때문이 아니라 규칙을 지키는 게 공정한 일이고 또 나중에 보답을 받는 길이라고 생각하기 때문이라면, 관련 당국이 규칙 위반을 막거나 처벌하는 게 더 용이해진다. 대다수의 정서에 부응하는 일이고 외적 강제는 꼭 필요한 경우에만 시행할 수 있기 때문이다. 결과적으로 사회가 정한 게임의 규칙은 최소한의 비용만으로도 지켜낼 수 있다.

예컨대, 절도와 사기, 뇌물 등을 금지하는 법률은 이러한 행위들이 불법적일 뿐 아니라 비도덕적인 일, 나아가 책임 있는 사람이 할 짓이 아니라는 판단이 사회 전반에 퍼져 있을 때 가장 잘 통한다. 사기꾼이나 뇌물 공여자, 사기행위 기획자 등이 사법당국의 처벌을 받는지 여부와 상관없이 다른 사람들에게 배척당하고 외면당하는 분위기가 퍼져 있다면, 법률 시행은 값싼 비용으로 큰 효과를 얻을 것이다.

반면, 행위자 대다수가 도덕적 행동에 대한 확신이나 도덕적 행동을 해야 한다는 내적 성향 때문에 규칙을 준수하는 게 아니라면, 규칙 시행에 들어가는 비용은 엄청난 수준에 이를 것이고 관련 규범은 간단히 무시될 것이다. 역사는 사회 내에 관직 거래를 용인하는 분위기가 퍼져 있으면 어떤 법도 부패를 통제할 수 없다는 사실을 반복해서 보여주었다. 정부가 탈법을 자행하거나 무능한 경우에는 대중은 오히려 탈세에 우호적인 정서를 갖게 되고 조세 회피에 대한 어떤 법률적 제재도 효과를 얻지 못한다. 그리고 특정 집단에 대한 차별이 대중의 도덕적 태도에 깊이 각인되어 있다면, 차별을 금지하는 법은 매우 값비싼 비용을 초래할 것이다.

달리 말하면, 대중에게 법을 따르게 하는 국가의 능력은 경제적인 요인과 구조적인 요인에 의해 제약을 받을 수밖에 없다. 이러한 한계는 다소 가혹하게 보일지 모른다. 하지만, 애당초 정부는 대부분의 사람들이 자연스럽고 정당하다고 생각하는 법과 규칙만 지키게 할 수 있다. 상당수의 사람들이 그렇게 생각하지 않는 법은 시행 자체가 불가능하기 때문에 쓸모없는 법이 되고 말 것이다. 사회 성원 대다수에게 아무 강요 없이 법을 지키게 하려면, 우선 사회가 부도덕한 행위를 용인하지 말아야 하고, 둘째로는 법과 행위 규범 등이 사회적으로 인정된 도덕 기준과 양립해야 한다. 오직 그때에만 경제 정책 담당자와 정치 기관은 대중의 신뢰를 얻을 수 있고 이러한 신뢰가 있을 때에만 높은 저축율과 실물 및 금융 자산에 대한 활발한 투자, 대여 비용의 최소화 등이 실현될 수 있다.

나는 이러한 논리적 결론에 대한 직접적 증거가 될 만한 자료를 제시할 수는 없다. 그러나 제3세계의 많은 나라들이 토착적인 문화나 윤리에 기반을 두지 않은 법을 강제로 시행하려다가 오직 국민의 소외와 사회 불안, 폭동, 심지어 혁명 같은 결과만을 낳은 경우는 무척 많다. 이러한 상황은 경제 성장과 재정 안정, 투자 분위기에 악영향을 미친다. 그리고 대부분의 구 소련권 경제에서 재정 비용을 줄이려는 시도는 모두 실패했는데, 이것이 공공 도덕의 붕괴에 따른 무분별한 경제 관행과 부패의 만연 때문이었다는 사실은 충분히 곱씹을 만한 일이다.

바로 이런 의미에서 얼핏 아무 관련도 없어 보이는 도덕성과 경제적 유효성(economic effectiveness)이 사실은 긴밀하게 연관되어 있는 것이다. 실제로 성실한 노동과 타인에 대한 배려, 검소함, 정직한 거래 등을 권장하는 프로테스탄티즘의 노동 윤리가 서구 사회에 깊이 뿌리내리지 않았다면 18~19세기에 산업 혁명은 일어나지 않았을 것이고 경제력도 중세 수준에 머물러 있을 것이라는 견해가 널리 알려져 있다. 거꾸로 이러한 도덕적 규범에 기반을 둔 경제 활동이 효과적이라는 사실은 그러한 규범을 보존하고 나아가 그러한 행위를 장려하게 마련이다.[주1]

이러한 윤리를 '프로테스탄티즘의 윤리'로 부르는 것은 임의적인 규정일 뿐이다. 어떤 윤리를 특정 종교의 성전(聖典)으로 환원시키는 것은 부정확한 일이다. 성실이나 배려, 검소함, 정직 같은 표현에 함축된 가치들은 대부분의 종교가 공유하고 있는 것들이다. 심지어 다양한 세속적 이데올로기(유사 종교)의 규범에도 비슷한 가치들이 등장한다. 게다가 많은 개발도상국들(이곳에서는 공공 도덕이 종교에 기반을 두지 않는다)의 근본 원칙들에도 정직, 극기, 노동을 최고의 가치로 인정하는 관점, 집단 및 공공의 이익을 고려하는 태도, 타인에 대한 관심, 미래 세대의 복지를 위해 검약과 노동을 장려하는 가치관 등이 포함되어 있다. 선진국 중에서 이러한 가치들이 공개적으로 논박당하는 나라 혹은 이와 완전히 다른 가치들을 토대로 공공 도덕이 성립된 나라는 하나도 없다.

비록 종교와 철학이 대중의 사고방식에 중요한 영향을 미치는 것은 사실이지만, 이러한 가치들이 종교나 철학에 의해 증명될 필요는 없다. 도덕적 가치들이 생물학적 진화와 인간 사회 간의 경쟁에 의해 인간의 의식 안에 발생했다고 주장하는 사람들 역시 그것을 신의 가르침이나 비교적(秘教的) 지식으로 간주하는 사람들 못지않게 이러한 가치들의 열렬한 옹호자이다. 이러한 가치들의 토대가 무엇이든, 그것은 우리가 악덕이라고 부르는 행위나 태도가 사람들의 심리와 행동에 미치는 나쁜 영향과 정면으로 맞설 수밖에 없다. 그리고 어떤 문화에서도 거짓과 탐욕, 위선, 기만, 나태, 고삐 풀린 소비 욕구 등은 악덕으로 간주된다.

내 생각에 그 이유는 명백하다. 우리 마음의 바탕에 있는 특정한 심리적 특성들이 도덕적 가치의 토대로 작용했기 때문이다. 그 도덕적 가치가 없었다면, 인류는 외부 환경을 극복한 후에 동물 세계에서 빠져 나와 자립할 수 없었을 것이다.(주2)

둘째, 현대의 선진 세계는 수세기에 걸친 경쟁의 산물인데, 공공 도덕은 오랜 세월 국가 및 기업들이 경제적으로 성공하기 위해 분투하는 과정에서 의지한 비장의 카드였다는 점이다(이 점 역시 첫째 요인 못지않게 중요하다). 반면, 건전한 도덕 원칙이 취약하거나 부재한 경우에는 세계의 주변으로 밀려날 수밖에 없었다. 도덕적 결함, 사회의 원자화, 소통의 붕괴 등에서 연유하는 부작용은 당연히 경제적·정치적 진보의 장해물이 되었고 결국 국제 경쟁에서 패배하게 만들었다.^(주3)

현대 시장 자본주의에서 어떤 사회 내의 도덕 원칙의 유효성은 경제 시스템의 유효성에 직접적인 영향을 미친다. 따라서 국민경제든 세계 경제든, 공공 도덕과 기업 윤리를 세우려는 집중적인 노력 없이 효과적인 경제를 만들려는 시도는 실패할 수밖에 없다. 공공 도덕이 무너지고 기업 윤리가 부패하면, 경제를 활성화할 수 있는 가장 확실한 아이디어가 있더라도 아무 소용없을 것이다.

정치에 대해서도 똑같은 원칙이 적용된다. 비록 윤리와 정치적 유효성의 상관관계는 명백하게 드러나지 않고 오직 장기적인 추세로만 확인할 수 있지만 말이다. 물론 마키아벨리식 원칙은 역사적으로 효과가 있는 것으로 증명되었다. 그러나 20세기 역사는 윤리적 원칙에 입각하지 않은 어떤 해법도 단기적인 미봉책에 불과했고 장기적으로는 훨씬 더 큰 대가를 치르게 했다는 사실을 보여준다. 가령, 제2차 세계대전 발발 당시 나치 독일에 유화 정책을 시도한 경우, 좀 더 최근에는 아프가니스탄과 중동에서 서구의 적들을 상대할 때 반민주주의 국가나 세력과 보조를 맞춘 경우를 예로 들 수 있다. 결국 얻은 것보다 잃은 것이 많았다.

어쨌든 민주주의 정치 체제는, 그 단점이 무엇이건, 인권이나 정치적·개인적 자유, 법률, 사회 정의와 안정성 등을 무시하는 정치 체제보다 오래 살아남는 경향이 있다.

단기적이고 편파적인 거래를 장기적인 면에서는 무용한 것으로 만드는 세계화는 앞으로 국제적으로 인정된 원칙에 입각한 정치 체제의 유효성을 높일 것이다. 그 원칙들이란 인권 존중과 선택의 자유, 평등하고 공정한 대우, 그리고 사회적 책임을 권력과 부에 이르기 위한 필수 조건으로 간주하는 태도를 일컫는다.

금융 및 경제 위기의 원천

도덕성이 경제적 유효성에 영향을 미친다는 나의 전반적인 생각을 최근의 금융 붕괴에 적용하기 위해 앞 장에서 살펴본 몇 가지 사항을 다시 검토하겠다. 우선 앞에서 언급한 주요 의문점을 상기해 보자. 알다시피 이번 경제 위기에는 신비한 점도 불가해한 점도 없다. 하지만 그것이 충격으로 다가왔다는 것은 적시에 경기 하강 국면을 통제할 수 없었던 당국의 무능함을 나타낸다. 금융 위기가 첨예하게 전개되기 이전부터 오랫동안 경제를 위협하는 리스크와 문제가 쌓여가고 있는 게 명백히 보이는데도, 당국 및 비정부 조직이 아무 대처도 못했다는 것은 이해할 수 없는 일이다. 이것이 바로 내가 이번 위기의 바탕에 심각한 도덕적 문제가 깔려 있다고 생각하게 된 계기였다. 경제 불균형을 막거나 경제 안정을 도모해야 할 책임이 있는 사람들에게 관련 자료나 전문적인 지식이 부족했다는 사실은 이번 위기와 크게 관련있지 않다. 중요한 것은 공공 도덕이 제 역할을 하지 못했다는 점이다. 게다가 동기나 목표, 억제 요인 등 우리가 쉽게 확인할 수 있는 윤리적 측면들은 다양한 경제 행위자들과 정부가 심각한 경제 붕괴를 막기 위한 적절한 수단을 확보하지 못했다는 사실에도 영향을 미쳤고 위기가 서서히 진행되는 방식에도 영향을 미쳤다.

이러한 도덕적 측면은 이번 위기의 다른 차원과 배치되지 않는다. 무엇보다도 구조적 불균형과 가격 불균형을 해소하고 금융 부문의 감독에 관한 문제를 해결해야 할 필요성과는 전혀 상반된 측면이 아니다. 그러나 도덕적 측면을 고려하게 되면, 우리는 이번 위기를 현대 자본주의 사회에 내재한, 가치 체계의 급격한 이완과 그에 따른 당국 및 경제 자정 부분이 갖고 있는 통제력의 이완에서 비롯된 결과로 이해할 수 있다. 달리 말해서 금융 위기와 그에 따른 경제 체제의 난맥상은 특정 개인의 특정 실패—금융 위기의 '주범'으로 언론이 만든 악명 높은 25인 목록을 보라[주4]—탓으로 돌릴 수 없다. 오히려 그것은 경제적 충격을 막거나 완화해야 할 금융 감독기관이 제 역할을 하지 못한 데서 연유했다.

이것은 경제적인 현상이 아니라 도덕적인 현상이며 사회 내 도덕적 분위기의 변화와 관련돼 있다. 기회만 있으면 엄격한 윤리적 규범의 틀에서 벗어나 행동하려는 성향이 바로 레알에코노믹의 특징이다. 금융 부문의 안정성을 해치는 리스크가 쌓여가고 있는

데도 금융 당국이 적절한 반응을 할 수 없는 상황을 조성한 주범이 바로 레알에코노믹이다.

지적 정직성

그러나 기업 윤리가 전반적으로 쇠퇴해 왔다는 이야기를 하기 전에, 이와 동일한 성격을 갖고 있는 다른 현상을 부각시킬 필요가 있다. 이것은 좀 더 특수한 사태이며 시간상으로 더 가까운 일이다.

2007~2009년에 벌어진 금융 사태들을 면밀히 살펴보면, 매 단계가 시작할 때마다 경제보다는 도덕성과 관련된 일들이 벌어졌다는 것을 뚜렷이 알 수 있다. 처음에는 문제의 도덕적 측면이 대수롭지 않게 보이지만, 자세히 들여다보면 문제점이 실제로 터지고 심화되는 경우는 여지없이 도덕규범에 대한 무시와 노골적인 규범 위반에 대한 용인이 연관돼 있다. 이러한 용인이 바로 레알에코노믹의 주요 속성이다.

예를 들어 미국 모기지 증권 시장의 붕괴를 초래한 것은 무엇일까? 무엇보다도 은행들의 무책임한 태도가 원인이었다. 은행들은 애당초 불량 모기지 대출을 허용했고 나아가서는 그 대출 상환금을 담보로 한 증권들(사실상 지급 불능이 예상되었다)을 묶어서 다른 금융기관에 팔아 넘겼다. 은행들은 또한 자신들은 이미 부실한 자산임을 알고 있는 증권들로 또 다른 '악성' 금융 상품을 만들어 새로운 금융기관이나 기관투자자들에게 연달아 팔아 넘겼다. 물론 이러한 금융 조직들에 쌓여 가는 리스크는 수없이 보증되고 재보증되었다. 게다가 (신용부도스왑이나 부채담보증권, 기타 부실 증권의 리스크를 감수하는 여러 가지 메커니즘을 통해) 지급 보증인으로 행세한 여러 금융기관들은 지극히 높은 부도 위험에 눈을 감았다. 마지막으로 개인들이 유급 조언자의 추천에 따라 돈을 맡긴 여러 기관들은 정체가 불분명하고 위험도가 높은 금융 상품에 그 돈을 투자했지만, 그 상품들은 금융 산업의 양심적인 규범(성문율이건 불문율이건)을 위반한 것이었다.

이러한 일이 발생한 까닭은 매 단계마다 일정한 수수료가 지급되었기 때문이다. 중개상, 모기지 대출 담당자, 금융기관 간부, 재정 컨설턴트, 신용평가기관의 구조화 금융부서, 변호사, 기업 중역, 은행의 투자 고문단 등이 모두 대출을 마련하고 그 대출금을 보증하고 재보증하고 증권화하고 재증권한 대가로 수수료를 챙긴 것이다. 대출금 상환이라는 먼 미래의 일은 이 사슬 구조에 있는 사람 누구에게도 관심사가 아니었다. 그들은 오직 중간 과정, 수수료, 그리고 이익에만 관심이 있었다. 금리가 오르고 주택 소유자가 더 이상 월별 상환금을 감당하지 못해 지급 불능 상태에 빠졌을 때, 모기지 증권을 구입한 투자자들을 대신해 대출 상환금을 거둬들이는 금융 서비스 회사들은 담보 부동산을 압류하기 시작했다.

2010년 말 미국의 최대 은행인 뱅크오브아메리카는 채권자들이 서브프라임 사태가 격화된 분위기에서 부실한 서류와 엉성한 절차로 압류에 나섰기 때문에, 50개주 전역에서 일시적으로 부동산 압류를 중단시켰다. 이로써 미국 모기지 시장의 붕괴는 잠시 완화되었다. 다른 금융기관들도 압류 중단 대열에 합류했고 이는 침체한 미국 주택 시장에 불을 지피고 또 다른 금융 위기를 촉발시킬 위험이 있었다.

월스트리트 참여자들이 투자자들에게 판 독성 금융 상품에 대해 스스로 잘 알고 있었다는 사실은 규제 행위나 민사 소송을 통해 대중에게 상세히 알려졌다. 미국 금융위기조사위원회가 개최한 청문회에서는 월스트리트에 널리 퍼져 있던 악질적인 관행들이 광범위하게 밝혀졌다. 수십만까지는 아니더라도 적어도 수만 명이 연루된 거대한 사기가 금융 위기의 촉매였다. 평범한 중개인에서 주요 금융기관의 중역에 이르기까지 많은 사람들이 적은 혹은 적지 않은 이익을 챙겼기 때문에 금융 시스템에 쌓여 가고 있던 리스크를 못 본 체했다. 모든 사람이 각자가 관장하는 금액만큼 직업적·도덕적 비용을 초래했다.

거대 은행과 주택 자금 대출기관이 떠안은 리스크 역시 증가했다. 리스크를 평가하고 그 결과를 고객들에게 알리지도 않은 채 새로운 투자 상품을 만들어 팔았기 때문이다. 이러한 운영에는 금융 회사와 신용평가기관의 공모가 있었다. 수상쩍은 수많은 금융 상품들—모기지 담보 증권, 자산 담보 증권, 주택담보대출금을 담보로 한 증권—을 대규모로 팔기 위해서는 투자 등급 평가가 필요했기 때문이다. 평가기관의 금융 구조 분석가, 매니저, 변호사들은 투자 회사들의 투기적 증권에 예외적으로 높은 등급(AAA 혹은 A1)을 매김으로써 고객들을 안심시켰다. 물론 오늘날 이러한 기관들은 자신들이 일부러 투자자를 속이려 했다는 사실을 부인할 뿐더러 심지어 신용평가기관들에 대해 "그들은 자기들이 무슨 짓을 하는지 모른다"고 말했던 전 연방준비은행 의장 앨런 그린스펀 같은 권위자에게 자신들의 입장을 옹호해줄 것을 요청할 수도 있다. 그러나 투자 은행들의 등급이 그들이 신용평가기관에게 건넨 막대한 수수료와 무관하다고 믿는 것은 순진한 생각이다. 이는 회계법인 아서앤더슨이 엔런과 맺은 수천만 달러짜리 계약이 아서앤더슨이 앨런의 벽장 속에 숨겨진 수많은 비밀들에 눈을 감은 사실과 무관하다는 주장과 비슷한 것이다.

그러나 관련자들의 사슬은 신용평가기관에서 끝나지 않는다. 은행, 보험 회사를 비롯한 많은 금융 회사들은 오늘날 이러한 금융 기관들의 리스크를 통제하는 역할을 하는 다양한 기관들의 감독을 받고 있다. 기관투자자들은 대체로 온갖 형태의 감사위원회와 관리위원회 및 집중적인 관리 부서를 두고 있다. 이러한 감사기관 및 금융감독기관들은 그들의 관리 하에 있는 사람들의 무책임한 행동에서 어떤 문제가 발생할 수 있는지 잘 알고 있는 노련한 사람들을 고용하고 있었지만, 그들은 각자 다른 이유로 눈을 감았다. 이러한 관행에는 (보험이나 헤지를 이용해서) 리스크를 분산시키는 방법이 축적된 리스크를 얼마간 해소할 수 있으리라는 무지한 판단도 한몫했을 것이다. 하지만 리스크 분산에 관한 이러한 주장이 절대적으로 옳은 것처럼 제시되었다는 사실 자체는 관련자들은 리스크 분산만으로는 예상되는 결과를 막을 수 없다는 사실을 정확하게 이해하고 있었음을 뜻한다. 대부분의 경우 무책임한 행동은 다양한 금융 도구와 자산을 관리하는 부하들의 작업을 엄격하고 냉정하게 감독해야 할 위치에 있는 사람들이 양심을 저버렸다는 사실로 설명할 수 있다.

금융 서비스 분야에 대한 관리 감독은 특히 미국에서 1980년대와 1990년대를 거치면서 몇 차례 자유화의 물결을 겪었다. 금융기관의 지나친 투기적 거래—특히 담보가 충분치 않은 투자 상품—로부터 고객을 보호하기 위해 도입했던 규제가 완화되었고 관리 시스템, 보상 시스템, 그리고 배당 정책은 아무런 통제도 받지 않게 되었다.

이러한 규제 제거가 단기적으로 어떤 의미를 함축하는지에 대해 탈규제를 위해 로비했던 사람들과 자유화를 주장하고 실행했던 사람들은 잘 알고 있었다. 그들은 자신의 권위뿐만 아니라 다른 사람의 권력을 이용해 이 목적을 달성하고자 했다. 여기에는 금융 시장의 효과적인 자정 능력을 입증할 준비가 되어 있었던 경제계의 대표적인 인물이나 조사기관의 이해당사자들도 포함되었다. 바로 그 동일한 사람들이 지금은 수학적 모델에 의해서는 경제 위기가 예측되지 않았고 금융 시스템이 어떤 문제든 '소화'할 것임을 진지하게 믿고 있었다고 말하면서 자신들의 행동을 정당화하고 있다. 상아탑의 학자나 '보이지 않는 손'을 철저하게 믿는 광신자나 할 법한 주장이다.

하지만 정작 이러한 주장을 펼친 사람들은 금융 시장에서 일하는 전문가들이었다. 어쩌면 그들은 금융 파생 상품과 헤지 펀드의 장외 시장 규제에 반대했던 앨런 그린스펀(그는 이러한 시장이 리스크를 은행에서 다양한 시장 참여자로 전이시키고 경제 시스템을 훨씬 더 안정시킬 것이라고 주장했다)의 입장을 반영하고 있는지 모른다. 하지만 오늘날 이러한 주장은 진지한 고려 대상이 되기 힘들다.

금융 시장의 탈규제는 통상적인 부패 탓으로 돌릴 수 없다. 물론 부패도 일정한 역할을 했지만 말이다. 심리적 위안과 간접적 이익을 얻으려는 동기가 더 큰 영향을 미쳤다. 대세에 거역하는 대신, 그리고 영향력 있는 이해당사자 그룹의 오류와 위험성을 지적하는 대신, 대세를 타고 부를 축적하는 게 언제나 더 기분 좋고 유용한 일이다.

물론 규제 완화를 지휘했던 사람들 대부분이 개인적인 이득을 최우선적인 목표로 삼았던 것은 아니었을 테지만, 도덕적인 내부

점검이 너무 느슨해졌기 때문에 이러한 일이 벌어질 수 있었다.

사실 사건들의 진행에 영향을 미칠 수 있는 사람들이 어떤 동기로 그런 행동을 했는지 설명하는 일은 대개의 경우 추측이 될 수밖에 없다. 의심스러운 결정을 낳은 것이 사리사욕과 의무방기였는지 어떻게 알겠는가. 오히려 예전의 경험, 정보의 부족, 올바른 결정을 내렸다는 진지한 믿음 등 다른 이유들이 작용했을 가능성이 있다. 그리고 당시 그런 결정을 내린 사람들이 지금까지도 자신들이 취한 입장과 노선은 확실한 근거를 갖고 진지한 마음으로 선택한 것이었다고 옹호하는 것은 꽤나 자연스러운 일이다.

그러나 나는 이러한 설명을 받아들이기 힘들다. 경제 위기 이전에 감독기관들이 무사안일주의에 빠져 있었다는 사실은 그 기관들의 행태에 대한 대중의 태도가 너무 해이해졌음을 말해준다. 이는 냉전 이후의 서구 사회에 도덕적으로 느슨한 분위기가 퍼져 있었음을 반영하고 있다. 경제 위기로 절정에 이르는 과정에서 대부분의 결정권자들은 전문가로서 무언가 의심스러운 일이 벌어지고 있다는 사실을 간파했지만, 결국 문제가 잘 해결될 것이라고 믿었다. "어쨌든 그것은 모두가 하는 일이다" 혹은 "나중에 우리가 해결할 것이다"라고 운운하면서. 게다가 개인적인 수입원이 커다란 유인책이었다. 대부분의 경우 이러한 관련자들이 정직했는지 그렇지 않았는지는 그들 스스로 답변할 문제로 남아 있다.

최고위층의 특정 윤리

그러나 은행과 투자 기관의 최고 경영진이 의심스러운 거래를 했고 금융 당국이 위기의 전개 상황에 눈을 감았다는 사실은 문제의 반밖에 설명하지 못한다. 위기가 진행되는 도중에 또다른 상황이 나타났다. 이른바 실물 경제 부문에서 상당수의 회사 경영진들이 의사 결정 과정에서 도덕적 상대주의에 의지했다는 점이다. 회사가 극심한 재정 압박을 받고 있을 때 중역들이 외관을 꾸미는데 엄청난 돈을 썼다는 사실(전 메릴린치 CEO는 사무실 리모델링에 무려 120만 달러를 썼다)은 빙산의 일각이다. 연방 정부에 긴급 구제금을 요청했던 미국 자동차 회사들의 최고위 경영진의 공식 지출 내역서를 보면, 호화 욕실 비품 같은 사치품의 구입비용이 포함되어 있다.

경영자 보상(Management compensation)은 특별히 주목할 필요가 있다. 투자 은행, 투자 회사, 투자 기금 등의 경영진이 그들 자신이 수립한 투자 전략이 실패하는 바람에 회사가 손실을 보기 시작했을 때도 한꺼번에 엄청난 보너스를 받았다는 수치스러운 이야기가 점점 더 많이 드러나고 있다.

위기의 시기에 막대한 보너스를 받은 고위 경영진을 개인적으로 비난할 수는 없다. 그들은 상황이 어떠했든 계약서에 명기된 대로 보상을 받을 자격이 있다고 진심으로 믿었다. 결국 그들은 회사의 주인이 아니고, 고용주의 마음을 헤아려 지출을 삭감할 필요가 없는 피고용 경영자일 뿐이다.

이밖에 더 놀라운 점이 있다. 많은 사람들이 이 부당한 보너스에 대해 잘 알고 있었다는 사실. 그런데도 그렇게 타인의 돈으로 자신의 개인적인 이득을 취하는 착복 행위를 막을 만한 위치의 사람들에게 아무도 그런 이야기를 해주지 않았다. 이 부끄러운 관행을 중단시킬 수 있는 사람들은 어떤 이유에서인지 아무것도 하지 않았다. 이것은 특정한 기업 윤리—높은 보수를 받는 최고위 경영진이라는 특권층 특유의 정서—가 최고위 전문 경영자들 사이에 뿌리를 내렸음을 암시한다. 그리고 이러한 윤리를 바탕으로 권력의 핵심층에만 적용되는 특정한 행위 규범이 형성되었고, 그 밖의 다른 모든 사람은 다른 도덕 기준을 따라야 하는 다른 등급의 인간, 엘리트 계층을 위해 수익을 산출해야 하는 소모품으로 여겨지게 되었다.

여기서 나는 고객들의 자발적인 도움으로 사회 및 법과 대결한 버너드 메이도프(Bernard Madoff, 피라미드식 다단계 금융사기범) 같은 사기범에 대해 말하는 것은 아니다. 나는 지금 자신들이 사회에서 가장 훌륭하고 명민한 최상류층 인사라고 진지하고 믿었던 사람들에 대해 말하고 있는 것이다. 이들은 법과 대결하지 않는다. 오히려 법을 이용해서 스스로를 보호하는 사람들, 고객이나 주주들의 요구와 불만으로부터 자신들의 이익을 효과적으로 지킬 수 있는 법을 만들기 위해 자기들이 할 수 있는 일을 다 하는 사람들이다. 게다가 특별대우와 그에 상응하는 보상을 받을 자격이 있는, 독특한 지식과 경험을 쌓은 '교양층'으로 자처하면서 대중의 시선을 피하지 않는다.

그러나 더 흥미로운 문제는 다른 데 있다. 위기가 진행되는 도중에 자신들이 저지른 부당한 행동이 대중에게 알려진 사람들 중에 어느 한 명도 공개적인 노출이나 대중의 비난을 두려워하지 않았다. 실제로 언론이 그들의 추문을 다룬 후에도 어떤 비난도 나오지 않았다. 사회적 고립의 위험성을 공허한 객담 정도로 치부하는 사기범을 용인하는 사회라면, 그 사회의 도덕적 태도에는 심각한 문제가 있는 것이다.(주5)

3

세계 경제의 변화와
도덕적 · 심리적 환경의 변화
(1980년대 이후)

산업 자본주의에서 금융 자본주의로

이제 전체적인 상을 다시 검토할 차례다. 지금까지 내가 열거한 사례들은 개별적인 사건만을 반영한다. 그래서 최근의 금융 위기에 깔려 있는 파국적인 현상을 드러내지 못한다. 이번 위기의 가장 의미 있는 측면, 그리고 가장 위험한 측면은 (선진국의) 도덕적 억제력의 점진적인 이완과 직결된 근본적인 구조 변화에서 비롯된 것이다. 이러한 구조 변화는 위기를 다루는 경제 관련 글에서 점점 더 자주 언급되고 있다. 세계 경제가 지난 몇 분기 동안 겪은 성장률 저하나 GDP 축소보다 훨씬 더 심각한 문제에 봉착할 수 있다는 우려마저 나오고 있다. 이러한 근본적인 변화는 점점 더 특별한 주목을 받고 있고, 때로는 불안한 전망이 곁들여진다. 가장 현저한 현상은 산업 자본주의에서 '탈산업' 경제 혹은 '신경제'로의 이행이다. 이와 같은 구조 변화는 전통적인 산업 부문과 대비되는 금융 부문 및 금융 서비스 분야의 급속한 성장을 뒤따르고 있다. 전체 생산비에서 지적재산권 요소(혹은 연구개발 비용에 대한 보상)가 차지하는 비중이 증가하고 있다. 그리고 지적재산권은 주로 선진국에 기반을 둔 몇몇 초대형 기업이 집중적으로 소유하고 있다(따라서 그에 따른 수익도 초대형 기업에 집중돼 있다).

나는 몇 년 전 러시아에서 마지막 문제에 관해 포괄적으로 다루는 책을 쓴 적이 있다. 그 책에서 나는 국민경제 내부나 국민경제 사이에서 지적재산권 소유자와 다른 경제 행위자 사이에 견고한 장벽이 세워지고 있고 결국 이러한 분할은 기업 활동의 효율성과 역동성을 해치게 될지 모른다는 우려를 표명했다. 나는 또한 현대 서구 사회의 경제가 점점 더 지적 혁신에 의존하게 되었다는 사실에 주목했다. 이는 지적 혁신을 관장하는 사람들이 경제의 여러 영역에서 경쟁을 효과적으로 제거하거나 제한하면서 자신들의 특권적인 위치를 안정적으로 유지하기 위해 소비자 행동을 조작할 가능성을 내포하고 있다. 소비자 행동을 조작할 수 있다는 것은, 제품의 생산 비용 및 제품의 유용성 문제가 점점 더 불투명해질 수 있다는 뜻이다. 이에 따라 기업 활동에 대한 공적인 통제력이 약화되고 공적으로 중요한 사안을 잘못 처리할 가능성이 높아질 것이다.

몇 년 전만 해도 이러한 우려의 목소리는 거의 들리지 않았다. 나를 비롯해 이렇게 말하는 사람은 대개 아웃사이더 취급을 받았다. 이것이 바로 그 시절의 특징이었다. 서방 세계가 올바른 길을 가고 있다는 전반적인 믿음과 결부된 자기 확신의 분위기는 어떤 회의론도 쉽게 극복했고, 나 같은 저자들은 밝고 화창한 날에 세상의 종말을 경고하는 동네 바보로 여겨졌다.

일부 시장 참여자들은 최근 불거진 금융 분야의 극심한 난맥상을 목격하고 앞으로 더 큰 혼란이 닥칠지 모른다고 우려하고 있다. 이는 위에서 언급한 구조 변화를 다른 각도에서 보게 한다. 처음에는 대불황이 구조 변화와 관련된 것으로 보이지 않을지 모르지만, 그것은 첫인상일 뿐이다. 위기와 세계 경제의 장기적 변화 사이의 상관성을 검토하면, 경제 구조 변화가 공공 도덕에 확고한 영향을 미쳤고 이는 거꾸로 경제 붕괴가 발생하는 데 영향을 미쳤다는 사실을 알 수 있다.

위기의 배경을 살펴보는 데 있어서 우선적으로 고려해야 할 중요한 문제는 선진국 경제의 성격이 바뀌었다는 점이다. 이러한 변화는 조만간 되돌릴 수 없는 지경에 이를 것이다. 그리고 이 변화를 이끌어내는 주동인은 서비스 부문의 팽창이다. 여기에는 민간 부분과 공공 부분을 통틀어 온갖 유형의 서비스 산업이 포함되지만, 처음 시작은 기업 비즈니스 서비스였다. 이러한 변화는 선진국 경제에서 특정 자원, 특히 단순 노동력과 토지 비용이 상승한 데서 연유했다. 이러한 비용을 삭감해야 했기 때문에 자원 집약적 산업은 그러한 자원을 풍부하게 보유하고 있는 저개발 국가로 이 전되어야 했다(실용주의는 레알에코노믹의 주요 특성이다). 중국과 남서 아시아가 '세계의 공장'으로 바뀐 것이 이미 기정사실화되었고 인도와 일부 남아메리카 나라들이 세계의 산업 지대가 될 것으로 예상되고 있다. 다시 말하면, 지난 20년 동안 선진국에서 '신생 산업 경제'로 대량 생산 시스템이 이동한 것은 세계 경제 및 그 구조와 발전 논리를 변화시킨 중요한 계기였다.

그렇다면 선진국에는 무엇이 남았을까? 이론상으로는 첨단기술에 기반을 둔 산업, 그리고 혹은 특수 지형이나 고유의 지적·행정적·정치적 자원에 기반을 둔 서비스 산업이 남아 있어야 한다. (모든 선진국 경제에는 해당 지역의 주민과 지역 산업의 기본 수요를 충당하는 일정한 규모의 상거래와 서비스 부문이 존재한다.) 이것은 국제 무역의 현황과 무역에서 비교 우위가 행하는 결정적인 역할을 감안한 결론이다.

하지만 실제 모습은 이론과 다르다. 앞으로 보겠지만, 서구의 선진 경제 구조에는 소비자의 기본적인 수요/욕구나 경제 발전에 필요한 수요를 충당하는 산업보다 소비자 심리 및 소비자 성향의 조작에 기반을 둔 산업이 점점 더 증가하고 있다.

이러한 조작이 가능한 것은 레알에코노믹의 두 가지 요인 때문이다. 힘의 경제(power economics)와 비도덕성이다. 우선 국제 경제 및 정치에서 우월한 지위를 차지하고 있는 선진국이 소비 행위와 기업 활동의 특정 행태와 기준을 세계 전체에 널리 퍼뜨릴 수 있다는 점이다. 둘째는 공공 도덕과 윤리적 억제력이 전반적으로 약해지고 그에 따라 사회적으로 해로운 산업과 소비자 조작에 의존하는 산업이 폭발적으로 증가하면서 사회와 정부에 영향을 미치게 되었다는 점이다.

기술에 대한 과도한 선전

이론적으로 보면, 세계 경제는 각 지역의 비교 우위에 입각한 논리에 따라 각 지역의 산업적 특성과 구조가 발전하고 진보해야 한다. 물론 각 지역의 비교 우위는 노동력과 자본, 지적 자원(기술과 지적재산권) 같은 핵심적인 경제 자원들의 국제적인 이동에 따라 끊임없이 변화할 수밖에 없지만 말이다. 표면상으로는 국민경제 간의 역할 분담은 이러한 논리에 대체로 상응하는 것처럼 보인다. 그러나 좀 더 면밀히 관찰하면, 몇 가지 중요한 특질을 발견할 수 있다.

첫째는 대부분의 선진 경제가 점점 더 첨단기술에 의존해서 경제 성장을 이끌게 된다는 일반적인 통념과 관련되어 있다 사실 '첨단기술'은 다국적 기업들이 떠들썩하게 선전하지만, 상당 부분은 아직 가설일 뿐이다. 일부 첨단기술에는 지적 혁신이 포함되어 있는 것이 사실이다. 그러나 첨단기술에 기반을 둔 기업 활동은 이론상으로도 큰 나라의 대다수 인구를 부양할 만큼의 고용과 수익을 창출할 수 없다. 유럽과 미국 경제의 중추가 된 첨단기술은 현실의 일정한 측면만을 반영하는 신화로서 존재할 뿐이다. 그것은 현실을 그 자체로 반영하지 못한다.

게다가 민간 부문에서 기술 진보의 상징처럼 여겨지는 차세대 이동통신기술(3G, 4G)과 위성위치확인시스템(GPS) 등은 몇십 년 전의 성과에서 나온 결과물이고 엄격한 정부의 통제를 받는 분야, 즉 군사 기술과 우주 기술 분야에서만 배타적으로 활용되어 왔다. 이러한 기술을 기업 활동에 도입한 것은 참신한 기술 개발이라기보다는 한때는 기밀이었던 군사 기술이나 군사용으로만 제한되었던 극초단파 주파수의 상업적 이용에 불과한 것이다. 그다음에는 중국에서 서둘러 제품을 생산하고 브랜드를 구축하고 마케팅을 벌이는 것이 표준적인 관행이다.

첨단기술 경제에 대한 언급은 대부분 제품을 광고하는 데 활용되는 기술을 거론하는 데 그친다. 사실 립스틱이나 샴푸, 혹은 수만 개 브랜드의 식료품, 수많은 종류의 가전제품, 통신 기구, 가정용품, 사무용품 등의 새로운 제조 방법에 어떤 특별한 기술이 필요하겠는가? 그럼에도 불구하고 다양한 분야에서 활동하는 선진국 기업들은 자신들을 첨단기술 회사로 끊임없이 선전한다. 마치 지속적으로 연구개발에 매진하고 정기적으로 혁신적인 성과를 낸다는 듯이 말이다. 제품 자체의 기술적인 면이나 고객 가치(consumer value)는 별로 변하지 않더라도, 제품의 지속적인 향상과 정기적인 '신' 제품 출시가 회사의 결정적인 마케팅이자 경쟁력이 된 시대에 '첨단기술 적용'을 전면에 내세우는 것은 기업 비즈니스 전략의 필수적인 요소가 되었다(전문가들은 실질적인 제품 향상은 10년에 한 번꼴로 이루어지는 게 통상적이라고 지적한다). 경쟁이 극심한 환경에 있는 이동통신 회사들이 좋은 사례이다. 고객들에게 정말로 새로운 가치를 제공하는 중대한 기술적 진보는 사실 드물게만 일어나는 일이고 기껏해야 몇 년에 한 번 이루어지는 일이다. 그러나 각각의 회사는 자기 회사를 최첨단의 혁신적인 회사로 자리매김해야 할 필요성이 있기 때문에, 몇 개월마다 새로운 서비스를 도입하고 그것을 대대적으로 선전하며 소비자들에게 겨우 1년 전에 구입한 제품조차 이미 폐물이 되었다는 환상을 불어넣는다.

또 다른 좋은 예가 현재 지속적으로 성장하는 건강제품 제조 산업이다. 확실한 증거가 있는 경우가 별로 없는데도 엄청난 비용이 소요된 심오한 연구개발을 통해 대단히 '혁신적인' 제품을 만들었다고 선전하는 경우가 많다.

따라서 전문가들이 서구의 현대 경제에서 점차 비중이 높아지는 첨단기술 제품에 대해 말할 때, 우리는 이러한 첨단 기술 중 대부분이 실질적인 기술 진보와는 별다른 관련이 없다는 사실을 기억해야 한다. 많은 경우 소비자들에게 거의 혁명적이라고 소개되는 이른바 '혁신'은 기존 기술의 재포장에 불과하다.

두 번째 중요한 특질은 선진국에 자리 잡은 국제 비즈니스 서비스와 관련되어 있다. 선진국의 훌륭한 환경은 역사적 전통에 빚지고 있는 것이며 서비스 제공자의 경쟁력보다는 역사로부터 빌릴 수 있는 자산과 더 관련 있다.

이론상으로는 개발도상국도 기술적 탁월성이나 기간시설 면에서 런던이나 취리히, 뉴욕에 버금가는 금융서비스 센터를 구축할 만한 자금이 있다. 그러나 서방 세계의 전통적인 금융 센터와 경쟁하기 위해서는 역사적 전통의 부재라는 약점을 극복해야 한다. 하지만 전통은 아무리 많은 비용을 쏟아 부어도 단기간에 만들어 낼 수 없다. 스위스 은행에 예치된 2조 달러 이상의 외국인 돈은 수세기에 걸친 역사의 산물이며, 다른 나라에서 함부로 흉내 내거나 따라할 수 없는 일이다. 마찬가지로 런던의 시티 지역이나 암스테르담의 증권 거래소도 다른 곳에서는 흉내 내거나 따라할 수 없다. 설사 새로운 장소가 세금우대 조치를 취하고 현대적 시설을 구비하고 있다고 해도 말이다.

연구개발 센터 역시 수십 억 달러를 쏟아 붓더라도 서구의 중심 지역에서 멀리 떨어진 곳에 짓는 것은 무척 어렵다. 과학 및 기술 혁신을 도모하는 어떤 '특별 경제 구역'도 실리콘밸리나 로스앨러

모스의 핵연구 센터에 대항할 만한 연구센터를 만들지 못한 이유가 여기에 있다.

세 번째 특질은 생활수준의 상당한 격차와 관련되어 있다. 선진국의 높은 생활수준은 문화적 전통과 더불어 인간 잠재력의 정수를 나머지 세계에서 끌어올 수 있는 유인책이 된다. 즉, 선진국에는 세계 최고의 인적 자원 및 조직 자원을 끌어들여 보유할 수 있는 능력이 있다. 가치가 높은 지적 생산물을 만드는 사람들에게는 돈이 전부가 아니다. 오히려 다른 곳에서는 쉽게 얻을 수 없는 안전하고 안락한 생활 조건, 저명하고 유서 깊은 미국 내지 유럽의 연구 센터와 연결된 전문가 집단에 속해 있다는 소속감이 높은 보수나 손쉬운 관리직 승진보다 중요하다. 생활수준의 격차 역시 서비스 부문에서 일하는 젊은 노동력을 끌어들이는 서방 세계의 장점이 된다.

탈산업사회의 서비스 부문

그러나 최근 세계 경제의 구조 변화와 관련해서 가장 중요한 측면은 약간 다른 성격을 띠고 있다. 그것은 서구 경제의 외각(外殼)이 서비스 부문으로 채워지고 있다는 사실과 관련되어 있다.

지난 몇십 년 동안 선진국은 산업 경제를 탈산업 경제로 대체하기 위해 다양한 방식으로 적극적인 노력을 기울여 왔다. 점차적으로 가공 산업의 유지 및 팽창을 억제하는 대신, 초국적 비즈니스 제국의 중심지로서 관리 및 기획, 연구, 혁신 서비스를 성장 산업으로 선택하고 점점 더 정교해지는 금융 중개 서비스를 제공하기로 선택했다. 선진국에서 산업 자본주의는 금융 및 중개 자본주의로 급속히 대체되고 있다.

원칙적으로 보면, 이러한 과정은 비용 효율 면에서 중립적이다. 효율성이 증가할 수도 있고 축소될 수도 있다. 중개업(금융 중개업을 포함해서)이 비용의 최적화를 촉진하는 곳에서는 환영받을 만한 일이고, 나라 전체의 발전을 위한 탄탄한 토대가 될 수 있다. 동시에 중개 서비스를 장려하는 것은 그 자체로 목적이 될 수 있다. 금융 및 중개 서비스가 다른 비슷한 서비스에 대한 후속 수요(인위적인 수요든 진정한 수요든)를 유발하는 피라미드식 경제 구조를 창출할 수 있기 때문이다. 하지만 이보다 더 복잡한 통합 서비스 체제의 구축은 이 부문의 팽창을 비합리적으로 촉진함으로써, 장기적으로는 거품을 더욱 부풀리고 경제 시스템 전체의 체질을 약화시킨다.

금융 서비스 자체는 내가 유독 염두에 두고 있는 사례이다. 자산 관리 및 대부(cash management and lending) 서비스는 금융 거래에 대한 보험, 투자 컨설팅, 펀드 매니지먼트, 금융기관과 중개업자들을 위한 복잡한 금융 상품 구성 같은 다양한 서비스를 파생시키는데, 이러한 관련 서비스의 팽창은 비용 효율을 높인다는 점에서 정당화되고 있다. 온갖 부류의 애널리스트들이 점점 더 독창적인 투자 계획안을 정교하게 만들어내고 있고 그와 동시에 그것을 뒷받침하는 서비스를 제공하고 있다.

리스크는 보험과 재보험 서비스를 통해 점점 더 이해하기 어려운 모호한 상태가 되었고 그것을 파악하기 위해서는 (적어도 이론상으로는) 더욱 정교하게 공식화된 분석 및 평가 방법이 필요해졌다. 이 목적을 위해 존재하는 신용평가기관 같은 전문 회사 역시 자신들의 평가와 결론을 입증하기 위해 또 다른 전문가들을 필요로 한다. 즉, 기존의 (대체로 빈약하고 신빙성이 부족한) 자료로써 확실하게 입증된 것처럼 보이는 (대개는 미리 정해놓은) 결론을 뒷받침하는 증거를 정교하게 만들어낼 수 있는 능력이 있는 사람들을 필요로 한다. 이 모든 회사들은 또한 자료를 처리하는 데 필요한 소프트웨어 등을 만드는 수학자와 프로그래머에 대한 수요를 발생시킨다.

동시에 이 회사들은 수중에 경제 현황을 파악하기에 충분한 자료를 보유하고 있어야 한다. 이러한 필요성은 모종의 지적 생산물에 대한 특별한 수요를 발생시키는데, 이 지적 생산물은 예전의 경제에서는 그다지 요구되지 않았던 것이다.

이런 식으로 금융 시장은 규모가 커지고 인접 산업의 인력까지 포함해서 고용 인력이 증가하게 된다. 이 사람들, 즉 대체로 자기 PR 성향이 강하고 자신이 하는 일이 무척 중요하고 신비한 일이라는 분위기를 풍기는 데 능한 야심만만한 사람들은 바로 이 분야로 더 많은 돈을 끌어들이는 서비스를 필요로 한다. 당연히 그들은 관련 금융 분석에 대한 수요도 창출하고, 이는 언론계에 일하는 다수의 전문가를 유인한다.

시장의 정보 수집과 분석에 능통한 언론 매체는 날로 커지는 금융 시장에서 생겨난 서비스의 한 가지 사례이다. 통상적으로는 매체의 보도가 전문적인 시장 참여자를 위한 것이라고 생각하지만, 사실은 금융 시장과 직업적으로 관련이 없지만 투자 중개업자나 컨설팅 회사의 (현재 및 잠재) 고객이 그들의 주요 독자층이다. 일반 대중에게는 금융 활동의 예술(혹은 마술)로 간주되는 비즈니스 관련 뉴스와 분석은 대부분 더 많은 고객의 돈을 금융 부문으로 끌어들이려는 은근한 광고이다. 그럼에도 불구하고 이는 이 분야에 전문적 지식을 갖고 있는 전문가에 대한 수요, 그리고 이들 전문가에게 정보를 제공하는 사람들에 대한 수요를 발생시킨다.

이 모든 사람들이 하늘에서 뚝 떨어진 것은 아니다. 그들 역시 교육과 훈련을 받아야 한다. 따라서 융통성 있는 교육 서비스와 비즈니스 훈련 서비스에 대한 수요가 발생한다. 그다음에는 수많은 중개업자와 컨설턴트가 이 대열에 합류한다. 결과적으로 이 분야와 직·간접적으로 연관된 사람들은 금융 서비스 분야에서보다 더 빠르게 증가한다.

다른 많은 영역에서도 비슷한 메커니즘이 작용한다. 그럼으로써 탈산업 경제의 외각을 이루는 상호적 서비스의 다층적인 네트워크가 형성된다. 이 시스템은 대체로 시스템 내부의 자체적인 필요에 따라 작동하며 점점 더 많은 신참자들을 자신의 궤도로 끌어들인다. 하지만, 그들의 활동이 서로 어떤 관련이 있는지, 그리고 다른 부문의 경제적 최적화 필요성에서 발생한 애초의 요구가 무엇이었는지는 점점 더 애매해지고 결국에는 완전히 잊힌다. '탈산업주의'는 점차 경제적 포스트모더니즘의 성격을 띠게 되어 모든 의미는 증발하고 경제 구조는 자족적으로 굴러가는 자기실현적 예언이 되며 급기야는 새로운 가치를 창출한다는 애초의 목적과는 완전히 유리된 점점 더 새로운 구조만이 연달아 탄생하게 된다.

이러한 '신경제'는 고정 투자액이 낮고 값비싼 특수 장비가 필요 없기 때문에 지극히 유연해야 한다고 기대할 수 있지만, 사실은 산업 경제보다 탄력성이 떨어진다. 만약 수요가 떨어지고 서비스 산업의 피라미드 구조가 흔들리면, 남아 있는 부분은 자신의 규모가 줄어드는 것을 피하고 시스템 내의 자기 위치를 지키기 위해 최선을 다하는데, 자신들의 중요성과 전망을 부풀려서 가수요(ersatz demand)를 만들고 그것으로 실제 수요를 대체하는 방식을 통해서다. 이러한 '신경제'에 접근해서 틈새시장을 발견한 사람들은 거기서 떠나기를 주저하고 상당한 희생을 치르고서라도 이미 자신에게 익숙해진 생활 방식을 고수하려 한다.

가령, 금융 중개인은 자기 서비스에 대한 수요가 줄어드는 추세임을 알게 된 후에도 일을 그만두려 하지 않는다. 차라리 그는 교육기관의 강사나 언론 매체의 전문가, 금융 관련 기관의 컨설턴트로 활동하면서 자신의 전문 지식을 팔아 떨어진 수익을 벌충하려고 한다. 당연히 그는 새 직업에서도 금융 자산 및 금융 상품에 대한 투자로 돈을 버는 방법이야말로 경이와 존경의 시선을 받아 마땅한 인간 지성의 최고 업적이라고 외부인들에게 최선을 다해 설명할 것이다.

이것은 탈산업 경제의 첨단기술 요소에도 적용된다. 회사들은 정기적으로 제품을 출시하고 그 혁신적인 면을 선전하면서 높은 판매 수익을 확보하려 한다. 이는 무에서 수익을 얻는 것이나 마찬가지다.

이러한 과정이 가능한 것은 비용 계산이 불투명하다는 것 말고도 소비자들이 새 제품을 구입하기 전에는, 아니 구입한 후에도, 기술 혁신의 진정한 가치를 평가할 능력이 없기 때문이다. 장기간에 걸친 테스트와 전문적인 실험 장비 없이는 제품의 질적 향상을 객관적으로 평가하기가 불가능하기 때문이다.

또 다른 이유는 (일찍이 1960년대에 헤르베르트 마르쿠제가 지적한 대로) 광고가 개인의 판단력을 지배하는 대량소비사회는 진짜 욕구와 거짓 욕구의 구별을 불가능하게 한다는 점이다.[주1] 이러한 현상 또한 위기 이전의 지난 1~20년 동안 선진국에 영향을 미친 두 번째 구조 변화에 기인한 것이다. 즉, 때로는 '실물 부문'이라고 다소 부적절한 호칭으로 불리는 영역에서 분리된 채로 꽤 오랫동안 존속하고 심지어는 발전까지 할 수 있는 '신경제'의 가상화(virtualization)가 낳은 결과이다. 여기서 실물 부문이란 소비자 및 투자 수요를 직접 만족시키거나 중간 소비(intermediate consumption)로 소화될 수 있는 상품과 서비스의 생산 영역을 일컫는다.

경제의 가상화

지난 20년 동안 많은 선진국 경제가 점점 더 빠른 속도로 '신경제'의 가상적 성격을 띠게 되었는데, 이는 노동력이나 자본, 토지와 같은 기본 생산 자원을 중요하게 여기지 않는다. 생산품을 눈으로 볼 수 있고 손으로 만질 수 있으며 경제 활동이 자원을 추출하고 물리적으로 가공하는 과정과 분리될 수 없는 1~2차 산업(농업, 광업, 제조업)과 달리, 현대 비즈니스 서비스의 경제 활동은 대부분 물리적 자원의 분배 및 사용과 무관한 수익과 권리의 재분배로 환원되었다.

예를 들어, 금융 상품의 거래는 본질적으로 도박이다. 참여자들은 스스로 작성한 규칙에 따라 다양한 주문의 형식으로, 혹은 지적 창안물의 형식으로 '수(move)'를 주고받는다. 증권 시장 및 증권 관련 시장의 전문 참여자들은 기존의 금융 자산과 파생 상품을 더욱 복잡하게 '포장'한 상품을 고안함으로써 자신들의 (점점 더 가상화되는) 사무실에서 나가거나 물리적 현실과 접촉하는 일 없이도 수익과 자산을 재분배할 수 있다. 아울러 전자 기술의 발전은 시장 참여자들의 '움직임(move)'을 종이에 기록하거나 다른 유형물로 나타낼 필요가 없게 했고, 이는 경제 활동의 가상적 성격을 더욱 분명하게 만들었다.

금융 부문과 금융 관련 서비스의 막강한 영향력은 선진국 경제에서 생산성과 효율성의 개념을 무너뜨렸다. 전통적인 의미의 경제 계산이 실질적인 의미를 잃었기 때문이다.

이러한 측면은 최근의 금융 위기에서 뚜렷이 부각되었다. '실물 부문'의 현황에 대한 분석을 토대로 기본 생산 자원의 활용과 생산 추세를 주로 연구하는 경제학자들은 이번 위기에 대항하는 경제 정책의 방향에 관해 아무 쓸모없는 조언자임이 밝혀졌다. 예를 들어, 비금융 부문에서 경제 자원의 활용 및 생산에 영향을 미치는 조치—특정한 기업 활동이나 공공 투자 프로그램에 대한 세금 우대 조치 같은—는 금융 부문의 금융기관, 투자자, 소비자들의 행동에 별다른 영향을 미치지 못했다. 금융 부문은 자신만의 규칙을 따르는 것처럼 보였다. 하지만 그 조치는 무척 다양한 시장에서 시장 상황과 시장 참여자들의 분위기에 막대한 영향을 미쳤다. 즉 개인 경제 행위자들과 전체 인구의 구매력 및 자산 통제력을 엄청나게 변화시켰다.

달리 말하면, 일반적인 경제 활동의 상당 부분이 점점 더 '가상화'되고 있다. 더욱 중요한 점은 경제의 '가상적' 측면이 '실물' 경제에도 점점 더 많은 영향을 미치고 있다는 점이다. 그 결과 금융 시장에서 불확실성이 일시적으로만 증가해도 투자 안정성을 해치고 산업 경기를 위축시킬 수 있다. 경제 영역과 별 상관없는 원인으로 발생한 금융 자산의 가격 하락은 수많은 사람들의 분위기와 소비자 경기에 커다란 영향을 미친다. 그리고 소비자 경기는 생산을 축소하거나 또 다른 경제 '거품'을 만들어낼 정도의 엄청난 힘을 가지고 있다.

경제 활동의 많은 부분이, 특히 금융 부문에서, 고정 자산의 생산적 활용이라는 원래의 토대에서 점점 더 유리되는 것은 또 다른 곤혹스러운 결과를 빚어냈다. 즉 금융 흐름(financial flow)의 투명성이 전반적으로 감소하게 되었는데, 여기서 금융 흐름이란 대기업 내부나 대기업 간에, 국내적으로나 국제적으로 금융 자원이 이동하는 현상을 뜻한다. 이것은 첫눈에 역설적인 현상처럼 보인다. 사실 대기업이 투명성 확보를 위해 노력해 왔다는 여러 주장에도 불구하고, 최근의 사태들은 정부가 40년이나 50년 전에 비해 주요 회사들의 실제 금융 환경과 금융 흐름에 대해 잘 모르고 있음을 생생하게 보여주고 있다. 특히, 금융 부문에 속한 회사들의 경우가 더 심하다. 금융 부문은 최근 몇십 년 동안 급속히 성장했고 여러 회사들 간의 관계가 이리저리 얽혀 있는데다 극히 짧은 기간 동안 엄청난 양의 복잡한 거래를 성사시킬 수 있는 영역이기 때문에 투명성이 감소할 수밖에 없었다.

이것은 역외금융구역(Offshore Jurisdiction)으로 빠져나가는 현금의 양이 절대적으로 그리고 상대적으로 증가한 사실로도 확인된다. 언론에 등장한 숫자를 믿을 수 있다면, '특별' 구역으로 이동한 현금은 10조 달러를 넘는다. 그리고 이 돈의 출처를 추적하는 것은 사실상 불가능하다. 가령, 리히텐슈타인에 적을 두고 있는 어느 컨설팅 회사를 통해 어느 파나마 회사와 접촉하고 그 파나마 회사를 통해 케이맨제도(Cayman Islands)에 자회사를 두고 있는 미국의 어느 기금에 투자한 돈이라면, 그것을 어떤 방법으로 추적할 수 있겠는가?

사실 미국과 유럽에서는 오래 전부터 역외 조세피난처를 널리 활용해 왔다. 미국 감사원 자료에 따르면, 미국 100대 기업 중 83개와 미국 정부와 연관된 100대 도급자 중 63개가 조세피난처로 여겨지는 나라에 자회사를 두고 있다. 코카콜라, 프록터앤갬블, 제너럴모터스, 인텔, 페덱스, 스프린트 등이 모두 케이맨제도에 자회사를 두고 있다. UBS나 골드만삭스 같은 주요 금융기관과 언스트앤영, KPMG, 프라이스워터하우스쿠퍼스, 딜로이트투시토마추와 같은 유명 회계법인이 케이맨제도에서 고객과 '투자자'들에게 금융 서비스를 제공하고 있다.

우리는 지금 무기를 밀거래하거나 마약이나 사람을 사고파는 지하 경제 조직에 대해 말하는 것이 아니다. 조세피난처에 들어가거나 거기를 통과하는 돈 중에는 합법적인 기업 활동에서 나오는 수입, 자기 나라에서 여론을 주도하고 정치 환경을 조성하는 훌륭한 회사와 사람들이 얻은 수입이 압도적으로 많다.

서방 세계의 정부들이 경제적 '본토'로부터 엄청난 양의 조세수입을 앗아가는 '특별' 구역을 허용한 것은, 사실 어떤 관점—기업금융의 투명성, 공공 재정의 건전성, 거시경제적 안정성, 기업 활동의 공정성 등—을 취하더라도 정당화하기 힘들다. 조세피난처에 대한 금융 정보는 얻기 힘들기 때문에, 본토의 경제에 야기하는 손실은 자료마다 약간씩 다르다. 그러나 모든 G-7 국가(동일한 세금 유출을 겪고 있는 러시아까지 포함시키면 G-8 국가)는 적어도 100억 달러 가량의 손실을 입고 있다. 일부 국가들도 100억 달러 이상의 손실을 보고 있다. 게다가 역외 자회사를 통해 본국의 세금을 회피하는 기업이나 사람들의 압도적인 다수는 널리 알려진 유명한 기업들이나 인사들이다. (미국 대통령 버락 오바마는 이렇게 말했다. "케이맨 제도에는 12,000개 기업이 입주해 있다는 건물이 있다. 그것은 사상 최대의 건물이거나 사상 최대의 세금사기처다.")

그러나 서방 국가들의 재정 시스템을 해치는 이러한 현상을 종식시키기 위해 서로 협력하자는 요청은 아무런 반향도 얻지 못하고 있다. 금융 위기 기간에 이 문제의 해결을 위해 협력하자는 목소리가 커졌고 오바마 대통령이 그러한 역외구역에 자회사나 관련 회사를 두고 있는 기업들에게 가혹한 조치를 취할 것이라고 엄포를 놓았지만, 지금까지는 역외금융구역으로 빠져나가는 돈을 막으려는 모든 시도가 물거품이 되었다.

그렇다면 서방의 금융 당국이나 정부들이 이러한 역외구역을 허용했을 뿐 아니라 암묵적인 혜택까지 주었던 이유는 무엇일까? 나는 '그림자 지대' 혹은 '회색 지대'로 돈이 흘러가는 것은 대부분의 악덕과 마찬가지로 억누르기보다 관리하는 게 훨씬 쉽다는 이야기를 자주 들었다. 그러나 나한테 그럴듯하게 보이는 설명은 한 가지뿐이다. 역외금융구역에 돈을 유치하고 있는 세력들은 본국에서 자신들의 이익을 보호할 수 있는 정치적 영향력을 확보하고 있다는 점이 그것이다.

그러나 이것이 전부는 아니다. 나는 지금도 서구의 경제 구조가 금융 흐름의 투명성을 해치는 가상적인 '신경제'로 바뀌지 않았다면, 역외 조세피난처에 대한 공격이 정치 의제의 중요한 부분으로 훌륭하게 자리 잡았을 것이라고 확신하고 있다.

하지만 세계 주요 경제의 구조와 성격이 이렇게 변화한 것은 공공 도덕에는 좋은 영향을 미치지 못했다. 앞에서 본 대로 공공선에 이바지하는 활동, 시민의 합리적인 요구를 만족시키고 지역 공동체와 국가의 번영에 기여하는 활동은 수세기동안 보존된 도덕 가치들을 유지시키는 데 도움이 된다. 반면 '신경제' 내의 대다수 활동은 소비자 복지나 공공 번영과 별 관계가 없다. 금융 위기가 터졌을 때 등장한 '탐욕스러운 은행가'와 '금융 자본주의' 운운하는 말이 난데 없이, 아무 이유 없이 튀어 나온 것은 아니다. 이러한 언급의 바탕에는 (연금이나 보험, 신탁기금 같은) 고객과 공공기관의 돈을 금융 부문의 도박꾼 수중으로 유인하는 짓과 증권 시장의 투기적 거래에는 도덕적 정당성이 전혀 없다는 오랜 인식이 깔려 있다.

'첨단기술의 혁신적 성과'를 자랑하는 기업인들에 대해서도 같은 이야기를 할 수 있다. 그들은 진지한 연구개발 활동에 필요한 비용을 실제로 부담했다는 확실한 증거, 그리고 그들의 제품이 전통적인 소비재와 비교했을 때 개별 소비자들이나 대중 전체에게 정말로 가치가 있는 제품이라는 분명한 증거를 내놓지 못한다.

내가 보기에 서구 경제가 오랜 세월 동안 광업과 제조업에서 서비스 부문으로 이동한 것은 공공 도덕에는 확실히 부정적인 영향을 미쳤다. 그리고 금융 부문 내에서는 중개 서비스나 파생 상품 시장이 점점 더 커지고 있는데, 이는 보편적 복지와 번영에 크게 기여하지 못한다. 목적과 가치가 불분명한 서비스를 창출할 때, 인간의 욕구와 욕망이 조작의 대상이 될 때, 어떤 부문에서는 공동체와 나라의 기본 욕구를 만족시키는 데 꼭 필요한 부문의 수익률과는 비교할 수 없을 만큼 높은 수익률을 얻는 게 가능할 때는 공공 도덕이 훼손되는 것이 불가피한 일이다. 젊고 똑똑한 사람들이 이러한 높은 수익률 때문에 서구 경제의 '가상화'를 촉진하는 부문에서 일자리를 찾으려 하는 것 역시 그만큼 불가피한 일이다.

부채

지난 몇십 년 동안 선진국 경제의 주요 변화가 가져온 결과 중 하나가 과도한 신용 증식(credit growth)이며, 신용 증식 역시 그 나름의 결과를 낳았다. 이 과정에서 미국이 주된 역할을 했음은 물론이다. 빌린 자금으로 생활하는 습관은 연방 정부에서 지방 자치체에 이르는 국가 부문 뿐 아니라 일반 국민 사이에도 널리 퍼졌고, 2008년에는 부채 총액이 거의 13조 달러에 이르렀다. 동시에 소비자 신용 경제의 호황(consumer credit boom)은 다른 선진국들에서도 거의 모든 경제 활동 인구에게 영향을 미쳤다.

우리는 가계 부문은 순채권자이고 비금융권 기업은 주채무자이며 금융 부문은 양자 사이의 중개자이던 시절에 형성된 경제 3대 부문 간의 전통적인 역할 배분이 무너지는 것을 목격했다. 가계 부문에서는 수세기 동안 유럽의 전통에 의해 형성된 저축 문화가 "오늘 살 수 있는데 왜 내일까지 기다려야 하지?" 식의 소비문화로 대체되었다. 혹은 어느 광고 문구의 표현대로 "여러분은 지금 단지 고민하고 있을 뿐이지만, 우리는 이미 채무 연장을 준비하고 있습니다. 그러니 마음껏 사십시오" 식의 소비문화로.

은행 시스템을 붕괴 직전까지 몰고 간 미국의 부동산 거품은 사실, 은행이 채무자에 대한 자격 요건을 점진적으로 완화한 과정의 논리적 결과일 뿐이다. 물론 이러한 현상은 가계 수입, 신용 및 부동산 규모의 안정적 성장에 기인한 것이다. 이러한 상황에서 높아지는 부도 가능성도 전반적인 신용 증식을 늦추지 못했다. 은행은 담보물을 팔아치우는 방식으로 상당한 손실을 피할 수 있었기 때문이다. 결과적으로 어딘가에 발생할 수밖에 없는 손실은 은행 부문에 쌓여 있는 대출 자료들 속에 심각한 문제로 남아 있게 되었다.

'가상화'된 경제에서 탈산업화가 점진적으로 진행되고 자본 흐름의 투명성이 약화되던 시기에 선진국에서 저축률이 감소한 것은, 소비자 대출의 전례 없는 팽창을 배경으로 하고 있으며 동시에 그 팽창이 낳은 결과이기도 하다. 이러한 과정은 병렬적으로 전개되면서 서로가 서로를 뒷받침하는 역할을 하였다. 예를 들어, 국민총생산에서 서비스 부문이 증가한 것은, 국민총생산 중 임금이 차지하는 비중을 높였고, 국민총생산 중 자본 소비의 비율을 낮추었으며, 국민총지출 중 최종 소비의 비율을 높였다. 이러한 과정은 또한 전반적인 조세 부담의 축소에 기인하는데, 조세 부담의 축소는 기업 부문의 금융 흐름을 조종하고 그럼으로써 조세 부담을 '최적화'할 수 있는 새로운 기회에서 비롯된 결과이다.

개인 가처분 소득의 증가는 대중들의 소비를 자극했다. 개인 소득의 확연한 증가를 지속적인 호황의 신호로 받아들인 대중들이 저축에 대한 열의를 잃었기 때문이다. 개인 소득의 증가는 또한 소비자 신용에 대한 가계의 접근성을 높였고 이것 역시 저축에 대한 동기를 약화시켰다.

　그러나 선진국에서 소비 성향이 증대한 것은 (수입 총액의 증가에 비례해서) 은행 및 소매투자기금으로 유입되는 현금의 양을 축소시켰고 그에 따라 금융 부문의 자금 토대를 약화시켰다. 하지만 소매투자기금은 개발도상국에서 더 많은 자금을 끌어들일 수 있는 새로운 기회를 찾았다. 개발도상국 국민들은 자국의 불안한 상황을 탈피하기 위해 적극적으로 선진국의 금융 자산에 투자하려고 했기 때문이다. 이러한 성향은 미국 정부에 의해서도 지렛대(leverage)로 이용되었는데, 점점 더 많은 자금을 가난한 나라로부터 끌어들여 재정 적자 및 무역 적자를 해소할 수 있었기 때문이다. 사설금융기관들 역시 이 돈으로 미국을 비롯해 20세기 하반기부터 소비자 경제가 맹위를 떨친 여러 나라들의 소비 진작에 활용함으로써 그에 못잖은 혜택을 입었다.

　선진국 경제의 부채 부담은 지속적으로 증가하고 있고, 이는 선진국 경제의 안정성을 해치고 있다. 다른 한편, 금융 부문에 대한 선진국 정부 및 가계의 부채는 수입(혹은 GDP)에 비례해서 줄곧 늘어나고 있다.

　이러한 현상 역시 적어도 두 가지 중요한 측면에서 공공 도덕 및 기업 윤리에 영향을 미쳤다. 첫째, 경제 행위자들, 특히 가계의 책임감에 영향을 미쳤다. 부채가 일정 한계(사례마다 다르기 때문에 양적 지표로 표현할 수 없다)를 초과하면, 부채 규모의 확대라든가 최종적인 상환 가능성의 감소는 채무자보다는 채권자의 관심사가 된다. 비슷한 재무 환경에 있는 여러 사람들이 무책임하게 돈을 빌리기 시작하면, 정부나 금융 부문의 어느 누구도 결과에 대해 우려하지 않고 사람들의 개인 경제(personal finance)를 지배했던 전통적인 책임 의식은 희박해지게 마련이다. 게다가 정부마저 부채 만기가 닥칠 즈음에는 수입도 증가할 것이라는 가정 하에 막대한 자금을 빌리고 있는 상황이라면, 개인들이라고 그렇게 하지 못할 이유가 무엇이겠는가?

둘째, 정부와 가계의 빚내기가 일시적인 문제에 대한 단기적 해법이 아니라 하나의 생활 방식이 되었을 때, 버는 것 이상으로 소비하려는 (대개는 무의식적인) 성향과 부채 부담을 다른 사람(미래의 세대, 서구 정부 채권에 투자한 가난한 국가, 혹은 높은 인플레이션 시대라면 저축자 모두)에게 떠넘기려는 시도가 하나의 생활 방식으로 자리 잡았을 때는 성실한 노력, 책임 있는 행동, 자립적인 삶에 대해 정당한 보상을 약속하는 윤리 원칙이 무너지게 된다.

신용

그러나 이렇게 부채가 증가하는데도 비참한 일이 발생하지 않았기 때문에, 사람들은 현대 경제란 신용 거래가 점점 증가하고 다양한 형태의 부채가 쌓이고 있는데도 아무 탈 없이 운용되는 체제라고 믿기 시작했다. 각국 정부는 금융 부문으로 자금을 융통할 수 있는 특권적인 지위를 활용해서 생산 감소나 무역 수지 악화에 대한 약간의 신호만 감지되어도 그것을 완화시킬 수 있었다. 이는 지속적으로 채무 수준을 높여감으로써 경제가 은행 신용(bank credit)에 의존한다는 사실을 끊임없이 시험하는 과정이었다. 그리고 정부들은 매번 인플레이션을 자극하지 않은 채 자신들의 목적을 달성했다는 것을 발견했다. 한편, 물가 상승이 완만한 시기에 수입과 생활수준이 전반적으로 향상된 것은 기업과 국민의 부채 부담을 줄여주었다. 많은 경제학자들에게는 장기적 경제 성장을 뒷받침하는 비교적 안정적인 방법이 결국 시험에 통과한 것으로 비쳤고 지금도 그렇게 여겨지고 있다. 적어도 서방 국가들에서는 이러한 발전 양상이 모든 영향력 있는 집단에게 정치적으로 수용되었고 어떤 심각한 사회적 긴장도 야기하지 않았다.

어쩌면 신용 경제는 어느 정도 신화적인 성격을 띠게 되었다고 말할 수 있을지 모른다. 심각한 압박 없이 지금 모든 것을 구입하고 나중에 값을 치를 수 있는 가능성이 과거 어느 때보다 더 현실화될 상황에 이르렀다. 사람들은 활기찬 경제생활을 새로 시작하면서 온통 신용 대부를 통해 자기 집을 마련하고 그 집을 새로 단장하고 높은 수준의 소비를 즐겼다. 그리고 부채는 가계 수입이 꽤 높아져서 부채 상환 부담이 전반적인 물가 및 수입 상승에 비해 양호한 수준에 머물 것이라고 예상되는 시기에 갚겠다고 생각했다.

이러한 기대감은 채무자가 예금자 덕분에 생활수준을 향상시킬 수 있다는 뜻을 함축하고 있다. 한편 예금자들은 자발적으로 현재의 소비를 포기했는데, 이는 (그들의 저축이 인플레이션과 생활수준의 전반적인 향상 및 미래 소비에 의해 평가 절하되는 만큼) 채무자와 금융 중개업자의 혜택으로 돌아갔다. 중개업자가 가장 큰 승자가 되지만, 채무자 역시 위기 이전의 막대한 신용 팽창에 상당한 혜택을 입었다. 빚을 진 사람들이 대불황에 책임을 져야 한다는 뜻은 아니다. 잘못은 GDP의 성장 둔화를 막기 위해 저금리 유지와 신용 제한 완화를 고집한 통화 당국에게 있다. 당국은 그들이 장려하는 소비자 수요의 성장이 인위적인 것이고 경제 불안으로 이어질 수 있다는 사실을 알고 있었다. 하지만 불건전한 경제 정책에 꾀여 합리적인 기대 수입 이상으로 소비를 확대한 평범한 가계도 도덕적 책임을 면할 수 없다.

소비 증가는 경제의 탈산업화 및 가상화는 물론 금융 부문의 팽창을 더욱 촉진했다. 이 경제 모델에서 예금자들은 인구 구성에서 그 비율이 점차 줄어들고 정치적 영향력이 약화되는 반면, 승자들은 이 과정에 적극적으로 참여한 사람들로서 점차 그 비율이 늘어나고 있으며 정치적 영향력도 더 커지고 있다. 그렇기 때문에 이 모델은 변변한 정치적 저항에 부딪치지 않았고 지금도 마찬가지 상황이다.

은행 시스템에 축적된 부채만이 신용 팽창에 대한 욕망을 제한하는 유일한 요인이다. 이러한 제한은 통화 공급을 늘림으로써 은행 시스템의 유동성을 보충하는 통화 당국에 의해 완화되기도 한다. 그러나 인플레이션이 안전선 이상으로 과열될 위험성은 통화 당국의 이러한 능력을 제한한다. 따라서 지난 몇십 년 동안 부채 경제는 다른 수단의 도움을 받아 성장했다. 이른바 '신생 산업국(이머징 마켓)'과 가난한 나라의 부자들로부터 유입된 자본이 그것이다. 현금 유입양의 규모에 대한 정확한 자료는 존재하지 않는다. 하지만 대략 수천억 달러, 어쩌면 수조 달러에 이르는 이 돈이 지난 몇십 년 동안 신용 경제와 부채 경제의 고삐 풀린 팽창에 핵심 역할을 했다.

지대(rent)

이제 이러한 자본 유입이 어떤 결과를 낳았는지 살펴보겠다. 그중 하나가 국민경제 내부와 국가 간의 경제 행위자들 사이에 수익과 재산이 분배되는 과정에서 지적 지대(intellectual rent)의 역할이 점점 커진다는 점이다.

약간 주제와는 어긋나지만 여기서 가볍게 짚고 넘어갈 문제가 있다. 지난 몇십 년 동안 대부분의 대량 소비품은 생산비와는 점점 더 어울리지 않는 비용을 포함하고 있었다. 비교적 간단한 제품조차 새로운 소재나 신기술, 새로운 생산 장비의 개발 등에 쓰인 연구개발비라는 명목으로 책정된 비용 항목이 제시되었다. (나는 다른 곳에서 이러한 비용의 정당성에 대해 언급했다.) 이러한 요소는 특히 '첨단기술'을 적용했다는 의약품이나 건강제품, 새로운 전자제품, 특수 산업 소재의 가격에서 90퍼센트 이상을 차지하고 있다.

이러한 간접비용에 대한 보상은 고정 비용의 일부분으로 제시되거나 제품 생산에 들어간 원료나 부품 가격에 포함되곤 한다. 가령 전자제품 제조사가 부품을 구입할 경우, 이 부품 가격에는 이른바 연구개발, 테스트, 지적재산권 획득 등에 소요되었다는 비용이 포함되어 있다. 그러나 점점 더 많은 비용이 다양한 유형의 사용료나 로열티로 개발자나 지적재산권 소유자에게 지불됐다고 제시되고 있다.

지난 2~30년 동안 이러한 현상은 점점 더 독특한 양상을 띠었다. 예컨대, 컴퓨터 기술을 채용한 재화나 서비스(세상에 나오는 모든 상품의 절반 이상)의 가격은 소프트웨어의 소유권자에게 지불되는 보수를 간접적으로 포함하고 있다. 거의 모든 제조품이 점점 더 복잡하고 다면적인 텔레커뮤니케이션 서비스를 사용하고 있기 때문에, 텔레커뮤니케이션 기술 소유권자에 대한 보수는 제품 생산비에서 점차 더 커다란 비중을 차지하게 되었다.

오늘날 선진국 이외의 지역에서도 거의 모든 생산 활동은 차입

자금을 통해 이루어진다. 결과적으로 어떤 제품의 비용에는 이자나 여러 가지 부채 상환금이 포함되어 있는데, 여기에는 자금주에 대한 상환금 뿐 아니라 현대 금융 시장과 법률 체계 및 미디어 네트워크의 인프라에 소요되는 막대한 유지비도 포함된다.

공식적으로 '마케팅 비용'으로 책정되는 비용은 정보 소유권자에게 지불하는 보상과 이 정보를 처리하는 데 쓰인 비용뿐만 아니라 다양한 형태의 시장조사 부서를 유지하는 비용도 포함하고 있다. 비록 혁신적인 신제품 모두가 이 경우에 해당하는 것은 아니지만, 시장 인프라의 규모가 눈에 띄게 성장하고 그 유지에 들어가는 실질적인 비용이 완제품 가격에 반영될 수밖에 없다는 이유만으로도 이러한 비용 요소는 최근 몇십 년 동안 꾸준히 증가해왔다.

마지막으로 광고비는 가장 대담한 예상 수준까지 뛰어 넘을 정도도 증가했다. 반면, 잠재 소비자에게 제품의 기술이나 재고 소진 및 확보를 알리는 데 들어가는 비용은 전체 광고비에서 상대적으로 비중이 낮다. 대부분의 광고비는 브랜드를 구축하거나 (진정한 것이든 조작된 것이든) 소비자 수요를 창출하는 데 쓰인다. 달리 말하면, 소비자는 점점 더 실제 물건이라기보다는 가상적 요소인 이미지나 브랜드에 많은 돈을 지불하고 있고, 판매 수익은 상표나 브랜드 소유권자에게 돌아가고 있다.

이러한 현상은 특히 브랜드 이름이 그 소유권자에게 수십 억 달러의 수익을 안겨주는 가정용 고급 전자제품이나 담배, 음료, 화장품 같은 과점 시장에서 유독 두드러진다.

이러한 지적재산권에 관련된 가격 요소를 모두 합하면, 그 총계는 생산에 투여되었던 노동력과 자본에 대한 공정한 보상이라는 전통적인 가격 요소를 완전히 상회할 것이다. 결과적으로 지적재산권 요소는 판매 수익의 분배 양상을 지배하기 시작했으며 지적 생산물의 (형식적이거나 실질적인) 소유권자가 점점 더 많은 부분을 가져가게 되었다.

물론 지금도 전 세계에서는 이러한 요소가 없는 상품들이 생산되고 소비된다. 가령, 남미에서 만들어진 우유를 소비하는 사람은 어느 세계적인 브랜드의 소유권자나 텔레커뮤니케이션 기술의 개발자에게 아무것도 지불하지 않는다. 멀고 먼 어느 타지에서 위조기념품을 구입하는 관광객들 역시 어떤 유형의 지적재산권 소유자에게도 값을 치르지 않는다. 하지만, 지적 요소에서 나오는 수익의 비중이 점점 더 늘어나고 있는 게 전반적인 추세임은 틀림없는 사실이다.

상표

따라서 서구의 소비자들은 정기적·체계적으로 노동력과 자본의 용역에 대해, 그리고 천연 자원의 이용에 대해, 수많은 경영자와 기업자들의 활동과 리스크 감수에 대해서만 비용을 지불하고 있는 것이 아니다. 과거의 어느 시점에 만들어진 지적 생산물을 다양한 형태로 사용하고 있는 것에 대한 비용도 지불하고 있다. 그 지적 생산물은 현실적인 것(기술)이거나 상상적인 것(이미지 상표)이며 오늘날 개인들이나 기업들이 그 권리를 소유하고 있다. 정확한 수치는 밝혀진 바 없지만, 브랜드 재화(대개는 저비용 국가의 제조사에서 아웃소싱으로 생산된다)의 생산비는 대개 소비자가 지불한 최종 가격의 10퍼센트를 넘지 않으며 나머지 수익은 브랜드명 소유권자들에게 분배된다는 것이 공공연한 비밀이다. 그리고 이 브랜드명 소유권자들은 통상적으로 특정 생산 기술과 제품의 유통경로를 통제하고 있다.

이러한 현상은 가난한 나라에도 (어쩌면 더 크게) 해당된다. 가난한 나라에서 겨우 생계비 정도를 버는 사람들도 고급의 지적·기술적 요소와 가상 이미지 요소가 들어간 상품을 소비하고 있다. 그러므로 반세계화 운동이 국제적으로 널리 퍼진 것은 전혀 우연이 아니다. 마이크로소프트와 코카콜라, 도요타, 질레트, 맥도날드 등이 세계 어느 곳에서나 광고와 기술을 활용해 소비 확대를 부추기고 그것을 불로소득(지대)의 원천으로 삼으려 할 때마다 반세계화 세력은 성장하게 마련이다. 소비자들은 상표권에 대해서도, 오랜 세월 다져진 비즈니스 관계나 브랜드 인지도와 같은 불투명한 자산에 대해서도 비용을 지불할 수밖에 없는 처지이다. 이러한 비용은 가격표에 숨어 있기 때문이다.

달리 말해서, 지난 몇십 년 동안 수익과 부의 다양한 원천들 사이의 관계는 지속적으로 변해 왔다. 그리고 무형 자산에 대한 권리가 점점 더 많은 비중을 차지하게 되었다. 소유자들에게 일종의 역사적 지대(historical rent)를 안겨 주는 과거 투자(past investment)는 오늘날 생산 시설에 대한 투자보다 훨씬 높은 수익률을 보장하고 있다.(주2)

이러한 주제가 기업 활동의 도덕성과 어떤 관련이 있을까? 이 장에서 서술한 변화가 의미하는 바는 이렇다. 이제 기업주가 벌어들이는 수익 중 점점 더 많은 부분이 그의 조직력이나 사업 능력, 비전의 힘, 기업주가 떠맡은 리스크에 대한 보상이 아니게 되었다는 점이다. 오히려 실제 가치가 의심스러운 모종의 지적 생산물로부터 일종의 고정 지대(fixed rent)로 벌어들이는 것이 수익의 많은 비중을 차지하게 되었다. 게다가 그들은 자신들이 소비자의 합리적인 (혹은 마르쿠제의 용어를 빌리면 '진정한') 욕구를 만족시키고 경제 발전을 개시하거나 촉진할 수 있다고 믿고 있는데, 이처럼 자신들의 관행을 기존의 가치 체계로 정당화까지 하고 있다. 시간과 에너지, 천연 자원의 양에는 당연히 한계가 있다는 사실을 고려하면, 브랜드 구축이나 특정한 소비자 욕구의 창출에 들어간 자원 양과 (지역 공동체와 나라의 복지에 직접 영향을 미치는) 생활환경 개선을 위한 재화 및 서비스 생산이나 기간 시설 건설에 들어간 자원 양을 맞바꾼 셈이라고 보면 될 것이다.

이러한 강력한 수익의 원천은 좋게 말하면 과거의 빛나는 성과에서 비롯된 것이고 나쁘게 말하면 사람들의 마음에 특정한 견해와 선호도를 심어줄 수 있는 공급자의 능력에서 비롯된 것일 뿐이다. 그리고 이러한 원천이 출현한 것은 경영자 계층에서 자기규제와 극기 같은 규범을 전반적으로 이완시킨 요인으로 볼 수 있다. 이러한 요인이 대불황이 발생하는 데 어떤 역할을 했는지는 직접적으로 혹은 중점적으로 다루어지지 않았지만, 위기가 전개되는 과정에서 분명 중요한 역할을 한다.

거의 모든 '가상적' 수익이 세계의 부유한 지역으로 이동한다는 사실 역시 명백한 도덕적 의미를 가지고 있다. 압도적인 다수의 무형 자산이 애초에 선진국에서 설립되어 주로 선진국에서 활동하는 주요 다국적 기업들의 소유이고 앞으로도 그럴 것이기 때문에, 이러한 수익의 서구 집중 현상은 당연한 일이다. 이러한 기업들은 무형 자산 덕분에 많은 수익을 얻고 나아가 자국의 경제를 성장시킴으로써 부국과 빈국의 격차를 더욱 벌리는 데 기여하고 있다. 만약 사회적 · 경제적 · 문화적 격차를 좁힌다는 이상에 어떤 도덕적 요소가 있다면, 세계를 이러한 이상에서 더욱 멀어지게 하는 요인에도 도덕적 요소가 있을 것이다.

리스크와 도덕적 의미

세계 경제의 이러한 변화가 초래한 몇몇 간접적 효과는 그와 관련된 위기와 더불어 더 깊은 도덕적 의미를 함축하고 있다.

첫째, 이론적으로는 선진국 경제 구조가 서비스 부문, 특히 금융과 직·간접적으로 연관된 서비스 부문과 실제 생산비가 가격에 거의 반영되지 않는 이른바 첨단기술 제품 제조 분야 쪽으로 이동한 것은, 사람들의 심리에 아무런 실질적 영향을 미치지 않는 순전히 기술적인 변화로 간주할 수 있다. 그러나 자세히 살펴보면, 이러한 설명을 고집할 수 없다.

사실 금융 시장, 특히 투기적 주식 거래는 전통적으로는 한탕주의자, 쉽고 편하게 돈을 벌고 싶은 자, 노골적인 사기꾼들이 선호하는 영역으로 여겨졌다. 뿌리도 없고 도덕 기준도 없이 정직한 노동이나 검약 같은 평범한 가치들을 조롱하는 탐욕스러운 은행가와 금융 도박꾼의 이미지는 대불황이 모든 사람의 관심사가 되었을 때 언론이 즐겨 다루는 주제 가운데 하나였다.

이러한 이미지가 얼마나 현실을 반영하고 있는지는 논의해 볼 만한 주제이다. 금융 부문은 한 사람의 지성과 창의성과 노력을 바칠 만한 분야로서 다른 어느 부문 못지않게 훌륭하다. 금융 부문만을 이기심과 비행의 온상으로 꼭 짚어 지적해야 할 이유는 없다. 반면, 금융 부문만큼 법적으로는 위험하고 윤리적으로는 의심스러운 거래와 불법 행위를 구분하는 선이 얇은 분야는 또 없다. 형식상으로는 합법적이지만 내면의 규칙과 규제를 위반하는 행위는 회사나 제3자에 심각한 위해를 가할 경우 범죄 행위로 규정할 수 있다. 어떤 개인의 유죄성과 무죄성을 구분하는 '고의성' 여부는 입증하기가 어렵고 사실 많은 경우에는 그 내용을 정확히 확정하기가 불가능하다. 내부자 정보를 활용했는지 여부도 흔히 합법 행위와 불법 행위를 가르는 기준이 되지만, 사실 그 여부를 확정하기 위해서는 내부자 정보를 거래에 활용한 사람이 법률 지식을 얼마나 알고 있는지 확인할 필요가 있다. 금융계의 유명한 성공 사례는 부정한 비즈니스 관행의 경계선에서 그리 멀지 않은 행위로 이루어진 경우가 많다.

금융 부문은 다른 경제 분야와 비교했을 때 훨씬 더 많은 비율의 거래가 제로섬 게임으로 분류될 수 있다. 이 분야에서 일하는 사람들의 수입은 다른 분야에 비해 다른 사람들의 손실로 얻는 비중이 높다. 사실 그러한 손실은 불가피한 조건으로까지 여겨지고 있다. 달리 말하면, 사람들이 자신의 최고 잠재력을 발휘하게 하는 협동과 조직화된 집단 창의성이 이 분야에서는 드물게만 발휘된다.

게다가 투기적 거래는 그 성격상 기본 경제 자원의 창출과 생산적 활용과 별 관련이 없다. 재정 거래(arbitrage)는 시장의 정상적인 기능이라는 관점에서 보면 유용한 행위이고 현대 금융 부문의 전반적인 활동이라는 견지에서도 어느 정도는 시장의 최적화를 촉진하는 행위라고 볼 수 있지만, 실질적인 역할은 크지 않다. 이는 고전적인 형태의 보험에도 적용된다. 그것은 위험을 분산시킴으로써 시장 시스템 전체를 불안과 위기에 빠뜨리는 심각한 위험을 새로 발생시키지 않고서도 기존의 신용 위험(commercial risk)을 줄여준다. 그러나 요즘에는 금융 부문에서 이루어지는 행위 대부분이 새로운 금융 상품의 고안을 통해 시장에 맡겨진 자원을 재분배하려는 시도로 여겨질 수 있다. 이러한 시도들은 그 성격이나 혜택이 점점 불분명해지고 있기 때문에 금융 부문이 처음부터 갖고 있는 유용한 기능과는 더욱 멀어진 것이라고 볼 수 있다. 사실 수동적 예금자의 자금을 성장 산업의 능동적이고 건설적인 기업 활동에 투입함으로써 경제 자원을 가장 효과적으로 활용할 수 있게 하는 것이야말로 금융 부문이 애초에 갖고 있던 유용한 기능이었다.

앞에서도 이미 지적하려고 했지만, 금융 및 관련 부문에서 인적 자원과 지적 자원의 점점 더 많은 부분이 어느 한 분야로 집중되는 현상은, 다양한 유형의 금융서비스 및 관련 서비스의 최종 소비자들 사이(달리 말하면, 개인 투자자와 최종 채무자 사이)의 간격을 더욱 벌린다. 뿐만 아니라 이 부문의 시장 참여자들이 점점 더 복잡하고 추상적인 금융 상품을 고안하는 방식을 통해 전체 생산양의 더 많은 부분을 확보할 수 있는 유리한 환경을 조성한다.

사실, 오늘날의 신탁 회사나 투자 회사들이 출시해서 널리 선전하는 금융 상품들은 그 종류나 정교함 면에서 3~40년 전에 비해 훨씬 진보한 것이 사실이다. 이러한 금융 부문의 팽창은 금융 거래 행위에 본래 내재해 있던 경제적 이유와 도덕적 정당성의 내용과 의미를 희석시켰다. "생산 자본을 더욱 효율적으로 배분해서 궁극적으로 사회 전체를 이롭게 한다"는 것이 금융 거래의 경제적 이유와 도덕적 정당성이었는데 말이다.[주3]

이러한 상황은 금융 거래에 법을 지킨다는 의미 이상의 도덕적 기준을 적용하는 것을 더욱 어렵게 한다. 동시에 일부 거래의 합법성은 점점 더 불투명해지는데, 그 거래의 구조나 내용이 점점 더 복잡해지고 있기 때문이다. 이 점에 대해서는 나중에 좀 더 자세히 살펴볼 것이다.

결국 사회 전체에 별 혜택을 주지 못하는 기업 활동이 경제 분야에서 차지하는 비중이 점차 높아지고 있다. 가령, 미국의 금융 부문은 GDP에서 차지하는 비중이 1970년의 13퍼센트에서 2007년의 20퍼센트까지 증가했다. 그리고 금융 부문이 전체 기업 이익에서 차지하는 비중은 무려 40퍼센트까지 증가했다는 추산이 있다.[주4]

중요한 것은 다음 사항이다. 사법 당국이 금융 부문을 주시 대상으로 삼았든 아니든, 관련자들이 법에 대해 잘 몰랐다고 선언했든 아니든, 금융 부문의 중요성이 날로 커지고 있는 상황이었기 때문에 일반 국민들은 금융 부문의 기업 활동이 공적 통제와 일반적인 도덕 규칙을 벗어난 채 이루어졌다는 이유만으로도 이 부문에 대한 신뢰를 잃을 수밖에 없었다.

2009년 초에 많은 정치 지도자들이 '금융 자본주의'를 고전적 자본주의와 대비되는 특수한 경제 유형으로 언급한 것은 난데없는 일이 아니었다. 그러한 언급은 현대 경제 시스템을 도덕적으로 재건할 필요가 있다는 주장과 밀접히 관련되어 있고 금융 중개업이라는 토대 위에서 성장해 왔고 지속적으로 성장하고 있는 광범위한 기업 활동이 수상쩍은 성격을 띠고 있다는 대중의 인식을 반영하고 있다.

이 문제는 2009년 1월 니콜라스 사르코지 프랑스 대통령과 토니 블레어 전 영국 수상, 독일 총리 앙겔라 메르켈이 주최한 '새로운 세계, 새로운 자본주의'라는 이틀간의 회의에서 나온 몇몇 발언들로 명확하게 요약되었다. 예컨대, 사르코지는 "순전한 금융 자본주의는 자본주의의 논리를 왜곡했다. … 그것은 부도덕하다. 시장의 논리가 모든 것을 용인하는 체제이다"라고 말했다. 그리고 다른 곳에서는 이렇게 말했다고 한다. "그것은 부자에게 부가 몰리고 노동의 가치가 하락하고 생산의 가치가 하락하고 기업가 정신의 가치가 하락하는 체제이다." 토니 블레어 역시 사르코지의 발언에 화답하면서 "최대한의 단기 수익보다 가치"에 기반을 둔 새로운 금융 질서를 요청했다. 1년 뒤인 2010년 1월 세계경제포럼의 정례 모임에서 사르코지는 이렇게 말했다. "자본주의를 개혁해서 더 도덕적으로 만드는 방법만이 자본주의를 구할 수 있다."

사회 현황에 대한 대중의 정서와 판단을 포착할 능력이 있는 사람들은 대중 사이에 널리 퍼져 있는 인식을 대변하는 경우가 많다. 이 경우에는 많은 사람들이 필요로 하는 재화를 생산하는 대신 사회에 아무 혜택도 주지 않으면서 수입을 재분배하기만 하는 투기 조직과 금융 기술 위주로 경제 구조가 짜여 있는 것은, 근본적으로 잘못된 현상이라는 인식이 대중의 의식 저변에 깔려 있다는 얘기가 된다.

마술적 '혁신'

대불황 기간에 금융 부문이 가장 많은 주목을 받았지만, 선진국 경제의 또 다른 구조 변화에서도 공공 도덕의 규제 역할에 간접적으로 부정적인 영향을 미치는 현상을 찾을 수 있다. 그것은 기술 효율성과 '혁신'의 증가이다.

앞에서 서술한 대로 기술 진보가 사회 진보를 이끈다는 통념은 겉멋 들린 위선이다. 물론 과거의 기술 발전이 현대 경제의 존립에 필수불가결한 조건을 만들었다는 사실을 부인할 사람은 없다. 그러나 기술 '혁신'이라고 주장되는 많은 것들, 현재와 미래의 성장 동력으로 묘사되는 많은 것들이 실제로는 기술 진보와 별 관계가 없다. 이러한 진보가 물리적 현실을 이해하고 변형하는 도구의 발전, 혹은 인간 잠재력을 개발하고 활용하는 도구의 발전을 뜻하는 것이라면 말이다. 게다가 이러한 사이비 진보는 또 다른 형태의 불로소득, 이른바 '혁신 로열티'의 토대로 작용하고 있다.(주5)

많은 '혁신' 광고는 새로운 제품, 혹은 새롭다는 제품을 판촉하는 마케팅 전략에 불과하다. 여기에는 제3자에 의해 유도된 비합리적인 생각이 커다란 영향을 미치는 거대 시장도 관련되어 있다. 물론 진정으로 혁명적인 아이디어와 발명도 존재한다. 그런 것들은 사람들에게 그들의 지적 잠재력과 창의력을 실현할 수 있는 강력한 도구를 제공한다. 컴퓨터 기술, 인터넷, 독특한 성격의 신소재, 바이오 기술 등이 그런 경우이다. 이 모든 것은 인류 역사의 가장 위대한 업적으로 남을 것이다. 하지만 특정 회사나 개인들이 가져가는 돈을 기준으로 보면, 저 위대한 업적들은 99퍼센트의 소비자들에게는 그 차이점이 보이지도 않는 새로운 청량음료 제조법이나 새로운 휴대전화 설계 같은 '혁신'보다 별반 나을 것도 없다.

각각의 신제품이 그 제품을 유통하는 사람들에게 벌어 준 수익을 계산한 정확한 자료는 없겠지만, 간접적인 증거로 전반적인 경향은 알 수 있다. 예를 들어 거대 자본의 세계적인 브랜드들을 보면, 코카콜라의 청량음료나 질레트의 면도기, 노키아의 휴대전화도 인텔이나 IBM에 필적하는 브랜드의 자본화를 이루었다. 수익성을 기준으로 삼으면, 우주 개발이나 다른 첨단기술 개발이 패션 산업의 새로운 컬렉션 개발을 이길 수가 없다. 즉, 루이뷔통은 애플이나 보잉을 쉽게 제칠 수 있다.

그러나 문제는 혁신의 규모와 그 시장 가치의 불일치에만 있는 것이 아니다. '혁신' 자체의 성격에도 있다. 소비자들은 기술 진보의 진정한 산물에 대해서도 값을 지불하지만, 대개는 존재하지도 않는 혹은 광고 내용에 한참 모자라는 '진보'에 대해서도 값을 치른다(혹은 어쩔 수 없이 치러야 한다). 그리고 요즘은 20년 전이나 100년 전에 비해 저장 수명이 짧은 물건들이 제조되고 있다. 5년 내지 10년이 지난 모델은 더 이상 출고되지 않는다. 업그레이드된 소프트웨어는 이전의 운영체제에서 돌아가지 않고 소비자들은 어쩔 수 없이 새로운 운영체제를 구입해야 한다. 새로운 운영체제가 실질적으로 더 효율적인 것은 아닌데도 말이다. 마이크로소프트에 대한 다양한 소송은 이러한 독점적인 관행을 폭로하고 있다.

우리는 얼마나 많은 뛰어난 인재들이 샴푸의 '독창적인 제조법'이나 '더 훌륭한 휴대전화'를 만들기 위해 노력하는지 알 수 없다. 이것은 이른바 영업 비밀이다. 그러나 지난 몇십 년 동안 '혁신'을 이룬 기업들에게 재분배된 국민 소득은 상당히 증가했다. 광고의 영향력이 커진 것이 이런 식의 재분배를 가능하게 만들었다. 당연히 광고를 전달하는 역할을 하는 대중매체는 '첨단기술'과 '혁신' 로열티의 일부를 챙긴다. 그러나 가장 많은 몫은 대기업에게 돌아간다.

선진국 경제에서 이 분야가 가져가는 몫이 커진 것은 기업 활동의 도덕적 환경에 영향을 미쳤다. 하지만 이러한 혁신에서 이익을 보는 사람들은 자신들이 기여한 바를 과대평가했고 기울인 노력이나 떠맡은 리스크에 비해 턱없이 많은 수입(막대한 재산까지는 아니라 해도)을 얻었다. 이들 중 많은 사람들은 자신들이 정통해 있는 시스템으로부터 정당한 보상을 받는 것이라고 생각할지 모른다. 하지만 누군가는 자신들의 특별한 재능 때문이 아니라 소비자에게 제품 속성에 대한 그릇된 정보를 흘릴 수 있는 능력 때문에 많은 돈을 버는 것이라고 깨달아야 한다. 적어도 일부 관련 인사들은 자신들의 경력과 부의 토대가 무엇인지 알고 도덕적인 불편함을 느껴야 하는 것이다. 그러면 이러한 불편함은 그들의 기업 활동에 영향을 미칠 것이다.(주6)

신분

첨단기술 제품이 아니라 '분위기'를 파는 시스템은 마케팅 간부나 영업사원들로만 이루어지는 것이 아니다. 소비자들 역시 이 시스템에서 능동적인 역할을 한다. 그러한 시스템의 표적인 그들은 '부풀려진' 제품을 의식적으로 구입하지만, 실제로 취득하는 것은 분위기라기보다는 이미지와 신분이다. 대체로 소비자들은 제품이 원래 약속한 위신만 제공한다면, 혁신적인 요소에 대한 설명이 사실이든 아니든 신경 쓰지 않는다.

브레게 시계나 황금색 파커 만년필처럼 신분을 나타내는 값비싼 물건은 오랫동안 우리 주변에 있었다. 번개 같은 속도로 후속 품이 등장하는 오늘날의 전자 제품과 달리, 이러한 호화 제품은 결코 철지난 유물이 되지 않는 기술적 완벽함의 상징이었다. 실제로 그러한 제품을 얻는 것은 인생의 중대 사건이었다.

지난 20년 동안 첨단 제품 유행에 편승하려는 회사들은 다양한 계층의 소비자들을 공략 대상으로 삼았다. 경제 지도자와 정부 관리에서부터 일반 평사원에 이르기까지 다양한 사회적 배경을 가진 사람들에게 '분위기 판매(sale of air)'를 시도했다.[주7]

그러나 신분(가장 새롭고 가장 멋진 물건)을 구입하고 동료들과 어깨를 나란히 하고 싶은 욕망은 월급의 절반을 전자 장난감 구입에 쏟아 붓는 것보다 더 멍청한 짓을 저지르게 할 수도 있다.

신분 상승에 대한 욕구가 안전성이 확보되지 않은 값싼 모기지 대출 열풍에서 핵심적인 역할을 했던 것이다. 물론 이것은 단순한 추측이고 반대 의견도 적지 않을 것이다. 그러나 정치인으로서 다양한 사회적 지위와 교육 배경을 가진 사람들을 만났던 경험을 통해 나는 다음과 같이 믿게 되었다. 만약 명망가들이 사는 지역에서 집을 구입할 수 있고 누군가는 그 기회를 붙잡았다면, 그의 동료들 역시 경제적 위험 따위는 안중에도 없이 그런 집을 구입하려들 것이다. 어떤 합리적 반대에도 아랑곳하지 않고 '이웃에게 지면 안 된다'는 압박감만을 느낄 것이다. 다른 한편, 어떤 문제든 세계 시장과 국가, 그리고 사회 안정을 책임져야 할 사람들이 해결할 것이라는 근거 없는 믿음은 많은 사람들에게 책임 회피에 대한 손쉬운 변명거리로 이용되었다. 이를테면, 실질적인 소유주가 은행이나 마찬가지인 새 집을 구입하겠다는 식의 경제적으로 위험한 결정을 내리고도 그 결과에 대해 책임을 지지 않으려 했던 것이다.

이러한 태도가 많은 국민에게 퍼져 있는 좋은 사례가 경제 위기에 빠진 유로존의 그리스다. 그리스에서는 수십만에 이르는 사람들이 감당할 수 없는 수준에 이른 재정 적자를 해소하려는 감축 정책을 격렬하게 반대하고 있다. 이러한 반대의 밑바탕에는 과도한 차입과 소비를 통해 실질적인 혜택을 입은 사람들조차 거기서 파생된 문제에 대한 대가를 치를 필요가 없다는 정서가 깔려 있다. 나라의 재정이 흔들린다면, EU(혹은 세계 경제를 통괄하는 사람들이나 다국적 금융기관)가 문제 해결에 나서야 하고, 불로소득으로 소비 생활을 즐긴 사람들은 비난을 감수하거나 희생을 치를 의향이 없는 정서. 나로서는 이러한 위기가 채무에 대한 안이한 태도가 널리 퍼져 있는 전반적인 흐름을 반영한다고 믿지 않을 수 없다. 그 흐름은 금융 부문의 허세에 대한 방심에서 나온 것이고 결국 이것은 최종 채무자를 잊게 만들 수 있다.

방종

엄밀하게 말해서, 경제와 사회에 미치는 장기적인 영향을 무시하고 인간 본성의 약점을 파고드는 수상쩍은 기업 활동은 전혀 새로운 현상이 아니다. 이러한 니치 시장은 금융 부문만이 아니라 다양한 영역에 존재했다. 부동산, 공공 투자, 건설, 건강제품 및 화장품 시장 등도 수상쩍은 기업 활동의 기회를 제공했다.

그리고 언제나 이러한 니치 시장은 도덕성보다 이익을 우선시하는 사람들로 채워졌다. 일부 사람들은 거기에 적응하기 위해 자신의 실제 성격과는 어울리지 않는 태도를 몸에 익혔다. 그런데 이러한 니치 시장은 최근 몇 년 동안 널리 확대되면서 전반적인 경제 환경에까지 영향을 미쳤다. 일상적인 경험을 통해, 그리고 이 문제에 흥미를 가진 다른 사람들과 논의해 본 결과, 나는 많은 정치 및 경제 지도자와 지식인들이 건설적인 기업과 투기적인 기업, 다시 말해 사회적으로 생산적인 기업과 사회적으로 무책임한 기업의 차이를 무시하고 사기에 가까운 지적 책략을 용인한다는 느낌을 받았다. 후자를 또 하나의 지적 도락(intellectual indulgence)으로 간주하는 태도는 경제계 뿐 아니라 이러한 니치 시장에서 이익을 얻는 지식인들 사이에 널리 퍼져 있다. 나는 이러한 느낌을 정확한 수치나 통계 자료로 입증할 수는 없지만, 그것이 현대 사회의 엘리트 계층이 품고 있는 마음가짐을 반영하는 것이라면, 지적 사기술을 위한 니치 시장이 지난 30년 동안 상당히 팽창했다는 사실과 틀림없이 연관돼 있을 것이다. 모든 기업 활동은 평등하고 동일하게 취급되어야 하고 사회적 의의에 근거한 어떤 차별도 용인되지 말아야 한다는 생각, 다시 말해 설사 속임수에 넘어가는 경우라 하더라도 소비자는 선택의 자유를 누릴 권리가 있다는 것에 대한 엄격한 자유지상주의적(libertarian) 해석에 기반을 둔 태도는 지난 시대에 널리 받아들여졌다. 그리고 이 사실은 결코 놀라운 일이 아니다. "모든 기업은 평등하다"는 생각, 사회적 중요성을 기준으로 시장의 경쟁 구도에 개입하는 것은 무조건 불법이라는 생각을 조장하는 정치인들이 유럽과 미국에서 커다란 영향력을 얻었다. 그 결과 기업의 유일한 의무는 수익 창출일 뿐이고 다른 역할은 다른 기관에 맡길 일이라는 생각이 과거 어느 때보다 더 폭넓은 반향을 얻었다. 나는 이러한 생각을 레알에코노믹식(式) 사고방식의 정수로 여기고 있다.(주8)

그러나 사회는 대중의 무지로부터 이익을 얻는 사람들이 언제 지적 도락을 즐기게 되는지 그 조건에 대해 완전히 무심할 수 없다. 그러한 방종의 결과로 개인적인 악덕과 결함에 대한 공적 통제력이 이완되기 때문이다. 좀 심하게 말하면, 승리한 쿠데타가 혁명으로 불리게 되는 것처럼, 냉소와 기만으로 성공한 사람들이 사회에서 영향력 있는 명망가가 된다면 냉소와 기만 역시 정직한 기업 활동으로 간주될 것이다.

도덕적 경계선은 경제 활동이 점차 가상화되고 점점 더 많은 경제 분야와 생산 영역이 소비자의 실제 요구로부터 분리되면서 서서히 마모되었다. 금융 거래가 왜 일어나고 거기서 누가 수혜자인지가 더 이상 분명하지 않을 때, '도덕적 억제력'의 의미는 기업 활동 자체와 마찬가지로 가상화된다. 더욱이 내가 앞에서 말했듯이 기업 활동의 가상화는 경제 활동에서 생산성과 비용 효율이라는 개념이 갖고 있던 실질적인 의미가 사라졌음을 뜻한다. 그럼으로써 효율성을 기준으로 기업 활동의 가치를 평가하는 것 또한 불가능해졌다.

가상화 경향은 금융 흐름의 투명성(형식적 책임을 뜻하는 게 아니다. 금융 거래의 의미가 명확한 것, 그리고 그 거래 이면이 깨끗한 것을 뜻한다)이 감소되고 역외 거래가 증가하는 경향과 나란히 진행되고 있다. 러시아의 가즈프롬 그룹은 1990년대에 급속히 성장하면서 금융 흐름의 혼잡성이 더욱 심화되었고 그룹 내부의 관계망도 무척 복잡해졌다. 이런 일을 겪은 후에 가즈프롬 그룹의 한 고위 임원은 사석에서 나한테 이렇게 말했다. 그룹의 공식적 주인인 정부와 경영진 모두 어느 시점에 이르자 회사를 경영할 능력은 물론, 그룹 내부의 금융 연결망과 관리 연결망을 이해할 능력조차 잃어버렸다고. 실제로 금융 흐름에서 수십억 달러가 어떻게 움직였는지, 아니 왜, 누구의 이익을 위해 이동했는지를 깨끗한 그림으로 그릴 수 있는 사람이 한 명도 없었다. 이론적으로는 그룹 전체와 그 주인인 정부의 이익을 반영해야 하는 수많은 실제 거래와 가공의 거래가 무엇을 최종 목적으로 삼았는지 이해할 수 있는 사람도 전혀 없었다.

복잡한 소프트웨어를 사용하면 당연히 투명성과 관리 능력이 감소할 수밖에 없다는 이유만으로 비슷한 일이 서구의 주요 대기업에서 일어났다.

경종

이러한 전반적인 그림은 도덕적 가치 체계의 운명과 관련되어 있다. 첫째, 정부는 일반 국민의 입장에서 기업 활동을 규제한다고 하지만, 기업 조직이 더욱 복잡해지고 다양한 기술과 얽히게 되면서 그 속사정을 꿰뚫어 볼 수 없을 만큼 불투명해졌기 때문에, 정부의 규제 능력에는 더 큰 제약이 따랐다. 게다가 정부 규제는 많은 사람들이 생각하는 것만큼 엄격하지 않다. 사회에 뿌리 내린 심리적 · 도덕적 원칙을 반영하고 또 그 원칙에 의해 강화될 때에만 정부의 규제는 효과를 발휘한다. 역사적으로 보면, 강력한 국가 지도자들은 국민에게 법 준수를 강요하기 위해 무엇이든 하려고 했다. 하지만 이러한 시도가 성공한 사례는 별로 없다. 법은 오랜 세월 동안 사회 속에서 자생적으로 성장한 생활 원칙(여기에는 도덕도 포함된다)에 의해 강화될 때에만 만족스러운 효과를 발휘한다. 만약 그러한 원칙이 부재하면, 이를테면 역사적 격변기에 그러한 원칙이 성숙하지 못하고 마모되거나 무너지면, 어떤 강압적인 체제도 법을 행위 규범의 원천으로 수용하라고 사회를 압박할 수 없다. 그 경우엔 단 한 명의 시민도 일상생활에서 법을 지키려 하지 않는다.

그러나 도덕규범의 능력에도 한계는 있다. 도덕규범은 비교적 단순한 공동체의 삶을 규제하는 규칙으로 정립된 것이다. 그러한 공동체에서는 모두가 서로의 삶에 대해 알고 있었고 모든 행동이 다른 사람들의 도덕적 인식에 비추어 판단되었다. 따라서 사회가 더 커지고 더 복잡해질수록, 사회의 범위가 더 넓어지고 사회적 통제를 받지 않는 중요한 행동이 더 늘어날수록, 도덕적 규범과 억제력의 부담은 더 커질 수밖에 없었다. 나아가서는 대중의 여론을 등에 업거나 대중의 여론을 강제로 통합할 수 있는 정부의 능력에 기댈 때에만, 도덕규범은 힘을 발휘할 수 있게 되었다.

이러한 관점에서 보면, 지난 몇십 년 동안의 구조 변화는 기업에 대해 도덕적 통제와 같은 외부의 통제(outside control)를 가하는 것을 더욱 어렵게 만들었다. 첫째, 경제의 너무나 많은 부분이 불투명해지고 공공의 감시에서 벗어난 반면, 규범을 위반하는 사람들이 오히려 엄청난 특전과 보너스의 혜택을 누리고 있기 때문에 도덕적 억제 시스템은 과부하에 빠질 수밖에 없게 되었다. 대불황은 이러한 환경이 한꺼번에 표출된 현상이었고, 일반 국민이 금융 부문의 혼란상을 "깨끗이 정리"하고 최고 경영자 계층의 행동(그리고 수입)에 도덕적 제한을 가할 필요가 있다는 것을 깨닫기 위해서는 금융 시장의 극심한 혼란과 장기간의 경기 침체가 필요했다.

게다가 최근 몇십 년 동안에는 '신경제'의 모든 논리 전개가 기업의 성공은 도덕적 타협에서 나온다는 식이었다. 막상 전면적인 경제 위기가 발생하자 그러한 논리는 극히 불쾌한 '충격'을 낳았다.

둘째, 새로운 환경에서 경제는 발전의 기준점을 모두 잃어버렸다. 금융 부문의 엄청난 수익은 그러한 기준점이 될 수 없고, 경제 자원의 생산성과 효율적 활용이라는 개념은 지적재산권 같은 무형 자산에 대한 비용이 이제 완제품 가격의 90퍼센트 이상을 차지하게 되었기 때문에 그 의미가 희석되었다.

그리고 선진국에서는 기이하고 난처한 상황이 나타나고 있다. 대부분의 기업 활동이 점점 더 블랙박스를 닮아가고 있는 한편, 불투명한 기술로 만들어낸 재화나 서비스가 혁신이라는 명목으로 실질 비용과는 별 관계가 없는 가격에 팔리고 있다. 이러한 환경에서는 수익과 이윤 말고 효율성에 대한 다른 기준을 적용하기가 사실상 불가능하다. 도덕적 평가나 도덕적 제한을 가할 여지가 전혀 없는 것이다. 물론 커다란 이윤을 남기는 모든 상품을 두고 비용 효율이 뛰어나다고, 따라서 유용하고 심지어는 도덕적(혹은 적어도 도덕적으로는 중립적)이라고 말하고 싶은 유혹도 있을 것이다.

세계의 기업 활동은 지난 20년 동안 바로 이러한 방향으로 발전해 왔다.

얼핏 보기에는 엉뚱한 이야기 같지만, 기업 활동의 비용 효율(공공선은 말할 나위도 없다)은 내가 앞에서 설명한 대로 사회와 기업에 도덕적 기준이 존재하는지, 존재한다면 그 기준이 안정적으로 효력을 발휘하는지 여부에 달려 있다. 금융 거래가 불투명하고 도덕 기준이 애매하면, 사회와 경제가 커다란 대가를 치를 수밖에 없는 이유가 여기에 있다. 성공적인 기업 활동과 도덕적 기준의 상호 의존성은 경제 행위자들 간의 신뢰를 통해 형성된 것이며, 이러한 신뢰가 없다면 시장 자본주의 자체가 애당초 성공할 수 없었다. 이 책의 후반부에서 나는 공공 도덕은 이러한 역할만 하는 게 아니라 훨씬 더 광범위하고 다면적인 특성을 가지고 있다는 점을 보여주고 싶다.

이처럼 성공적인 기업 활동과 도덕적 기준이 서로 의존 관계에 있기 때문에, 도덕적 억제력이 조금만 이완되어도 공공의 이익과 목적이 훼손되고 지속가능한 경제 성장이 위험해질 수 있다. 이는 대불황 기간에 확실히 입증된 현상이다. 따라서 이번 경제 위기는 오랜 여행 중에 만난 가벼운 에피소드가 아니다. 그것은 경제의 건강하고 지속가능한 성장에 필수적인 조건을 어떻게 확보할 것인가라는 심각한 물음을 제기했다. 그러나 지금으로서는 이번 위기가 끝난 후에 세계가 변했고 앞으로도 줄곧 변할 것이라고 믿을 만한 근거가 없다. 내가 언급한 현대 자본주의의 변화 중 어떤 것도 누군가의 사악한 의도에서 비롯된 결과인 것은 아니다. 그 모든 변화는 우리가 지금 살고 있는 이 세계가 오랜 시간에 걸쳐 발전해 온 결과일 뿐이다. 선진국 경제가 경기 침체에서 회복하고 세계 금융 시스템이 재건된 후에도 그러한 변화는 지속될 것이다. 지금으로서는 현재의 발전 방향을 변경할 수 있는 현실적인 방안에 대해 국제적으로 합의된 사항이 존재하지 않는다. 게다가 세계의 강대 세력이 그러한 변화를 추구하고 있는지, 아니면 세계 경제를 다른 방향으로 돌리는 단계를 하나씩 밟아가겠다는 정치적 의지가 있는지 여부가 분명하지 않다.

세계 경제의 변화가 도덕적 억제력의 효과에 미친 충격은 또 다른 사실을 부각시킨다. 현재의 세계 경제는 선진국이 지대를 산출하는 무형 자산(rent-producing intangibe assets)으로부터 점점 더 많은 불로소득을 올리고 있는 환경이 되었다(이것 자체가 새로운 도덕의 필요성을 자극하는 현상이다). 이러한 환경에서 세계의 경제적 관계는 시장 경제를 뛰어 넘어 국제 관계 자체에 영향을 미치고 있다. 다음 장에서 이러한 관계에 대해 논의할 것이다.

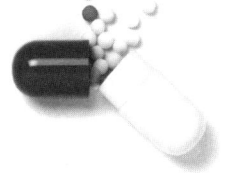

4

국제 관계(1980~2008년)
— 사익(私益)이 최선이다

이 장에서는 지난 20년 동안의 국제 관계의 발전 양상에 주목하고 그러한 변화 양상을 이 책의 주제와 연관지어 설명할 것이다. 이 책의 주제는 물론 오늘날의 세계 경제에서 도덕의 역할이 변한 것은 레알에코노믹식(式) 사고방식의 부산물이었다는 것이다.

분할된 세계

1960년대에서 1980년대까지는 부국과 빈국의 간격이 비정상적인 현상이고 선진국은 어느 정도는 자국의 이익을 위해(즉, 제3세계를 안정시키고 난민 유입을 막고 시장을 확대하기 위해), 하지만 주로는 도덕적 배려에 입각해서 이러한 간격을 없애기 위해 노력해야 한다는 것이 통상적인 생각이었다.

　20세기 후반의 엘리트 지식인들에게는 경제적·사회적·정치적 진보의 이념이 무엇보다 우선시되었기 때문에, (적어도 공적으로는) 광대한 지역, 어쩌면 전 지역에서 심각하고 우울한 빈곤 상태가 지속되는 것은 인간성의 타락을 의미한다는 것이 일반적인 통념이었다. 실제로 이 시기에는 주로 유엔의 후원 하에 다양한 국제적 개발 프로그램이 진행되었고, 국제 금융기관도 능력의 한도 내에서 도움을 아끼지 않았으며, 선진국 정부도 개발도상국에 대한 원조 프로그램을 가동하고 있었다. 수십 년에 걸친 힘겨운 노력 끝에 선진국 시장은 마침내 개발도상국 상품에 개방되었고 개발도상국은 먼 장래에는 경제적 경쟁력을 갖출 수 있다는 희망을 얻었다.

　그러나 지난 20년 내지 25년 동안 상황은 근본적으로 변했다. 비참한 경제 상황에 대한 선진국의 온정적인 태도는 냉혹한 무관심 혹은 노골적인 불만으로 바뀌었다. 이러한 태도 변화는 일부 후진국의 지배 계층이 보이는 행동에 대한 반응일 수도 있다. 그들은 자국의 문제에 대해 관심이 없고 경제를 현대화하고 성장시키려는 시도에 대해서도 시큰둥한 태도로 일관하고 있기 때문이다. 만약 선진 세계가 그런 나라들에게만 까다로운 입장을 고수하는 것이라면, 어느 정도는 정당한 태도라고 볼 수 있다. 그러나 실제로는 상당한 수준까지 경제의 산업화와 국제화를 이룬 나라들까지

격려와 지원을 받는 대신 경계와 우려의 대상이 되고 있다. 서구의 싱크탱크가 작성한 보고서와 고위 관료들의 발언도 개발도상국들이 이제는 원조가 아니라 시장 메커니즘에 의존해서 경제 효율성을 높이고 번영을 구가하라고 촉구하고 있다. 정치적 올바름의 원칙이 다소 느슨하게 적용되는 사적인 대화에서는 현존하는 (아마도 극복 불가능한) 간격과 장벽에 대해 태연히 언급하거나 개발도상국들의 끊임없는 요구가 짜증스럽다는 반응이 동정을 표시하거나 도움을 약속하는 경우보다 훨씬 더 자주 보인다.

서방 세계에서 나오는 공식적인 발언은 정치적 올바름의 외양을 띠고 있지만, 세계 각 지역의 경제력 격차를 줄여야 한다는 목적이 더 이상 우선순위로 인정되지 않거나 무한정 미뤄지고 있다는 것이 전반적인 인상이다. 서방 세계는 인도주의적인 식량 지원 같은 기본적인 원조조차 생략하고 서구와 다른 불운한 지역의 간격을 좁히는 과제를 자연적인 메커니즘에 맡기려 한다. 개발도상국은 값싼 핵심 자원, 특히 노동력을 통해 국제 경쟁력을 확보하고 새로운 투자와 자금을 끌어들일 수 있다는 것이다. 이른바 골든 빌리언(golden billion, 러시아에서 흔히 통용되는 용어로 서구의 부유한 사람들을 일컫는다—옮긴이)과 나머지 세계의 대다수 인구 사이에 존재하는 생활수준 및 수입의 격차가 오랜 세월에 걸쳐 줄어들 것이며 결국 상습적인 빈곤 지역이 실질적으로 사라지게 되리라는 무언의 가정이 성립돼 있는 셈이다.

물론 제조업은 여전히 선진국 경제의 주요 성장 동력으로 남아 있지만, 개발도상국의 제조업이 세계 자본주의 경제에 통합되면서 꽤 심각한 난관에 봉착했다. 하지만 이 문제는 선진국 경제를 '탈산업' 경제, 즉 제조업과 대비되는 서비스업이 지배하는 경제로 재구조화하는 방식으로 해결 가능한 기술적인 문제로 간주되었다.

　선진국이 그러한 탈산업 경제를 구축하자, 이러한 문제는 실제로 완화되기 시작했다. 제조업의 생산이 선진국에서 이전의 제3세계 중 가장 발전한 지역으로 상당 부분 이동하자, '신경제'의 기업 활동은 비용 효율이 더욱 높아졌다.

　'신경제'라는 용어 자체는 명확하게 정의된 개념은 아니다. 정례적인 경제 뉴스와 경제 분석에서 쉽게 볼 수 있듯이, 맥락에 따라 상이한 산업군과 비즈니스 영역을 가리킨다. 나는 앞 장에서 상세히 살펴본 바 있듯, 주로 다음과 같은 측면을 가리키는 용어로 사용하고 있다.

　첫째, 신경제는 우리 눈앞에서 풍선처럼 부풀어 오른 금융 부문이다. 이 분야에서 서비스를 제공하는 매체 산업과 연구 산업도 포함된다. 둘째, 그것은 기업에게 금융 분석과 회계감사를 비롯한 법률 및 경영관리 및 정보 서비스를 제공하는 광범위한 분야를 포괄한다. 셋째, 초국적 기업의 경영관리 활동, 그리고 아웃소싱으로 이러한 서비스를 제공하는 부속 업체의 활동도 신경제에 포함된다. 넷째, 신경제를 대표하는 것은, 기하급수적으로 늘어나고 있으며 지적재산권에 의해 보호받고 있는 각종 '신제품' 및 브랜드의 개발자들이다. 다섯째, 신경제에는 상상할 수 있는 모든 품목의 중개업자로 활동하는 무수히 많은 컨설팅 서비스와 다양한 광고 및 마케팅 서비스도 포함된다. 마지막으로 다른 모든 업종의 피고용자들의 수요를 만족시키는 각종 소매업과 서비스 부문이다.

최종 소비자의 욕구와 수요에 민감했던 '산업' 단계의 기업들과 달리, 탈산업 경제는 소비자에 대한 지적·심리적 압박을 통해 수요를 창출할 수 있는 능력이 사실상 무한하기 때문에 자급자족이 가능한 경제 구조다.

제조 부문과 다른 제조 관련 산업을 집어 삼키는 이 엄청난 산업 구조는 거의 선진국 경제에만 자리를 잡고 있으며 높은 소비 수준, 아니 점점 더 높아지는 (이 점이 더 중요하다) 소비 수준에 익숙해진 선진국 시민들로 채워져 있다.

더욱이 이런 나라들은 여러 정당이 선거 경쟁을 통해 번갈아 집권하는 다원적 체제를 채택하고 있기 때문에, 정부는 편의성이나 국내적·국제적 정의와 무관하게 시민들의 요구를 들어주기 위해, 즉 그들의 일자리와 수입원을 보호하고 소비 수준을 유지하기 위해 온 힘을 기울여야 한다. 따라서 선진국 정부들은 여러 가지 요건을 강화함으로써 다양한 서비스 수요를 창출하고 지적재산권 보호에 앞장서면서 시민들의 일자리와 수입원을 보호하는 한편,

사회 안정망도 확충하고 있다. 세계에서 가장 부유한 나라들의 지도자들은 흔히 보호무역주의를 공개적으로 비난하지만, 자국의 주요 금융기관이나 보험사, 컨설팅 회사, 로펌, 미디어 그룹 등의 위상에 영향을 미칠 만한 방안은 전혀 제시한 바 없다. 게다가 지적재산권에서 유래하는 여러 가지 제한들을 완화해야 한다는 요구는 간단히 무시한다. '신경제'에 고용된 사람들의 수입은 사실상 모든 규제로부터 자유롭다. 서비스 생산자들은 고객에게 자의적으로 수수료를 부과할 수 있으므로 임금 수준도 자신들이 감당할 수 있는 만큼 신속하게, 그리고 높이 올릴 수 있기 때문이다.

이와 동시에 서방 세계의 정부들은 자국의 신경제에서 나오는 지적 생산물에 대한 수요를 지속적으로 창출할 수 있는 다양한 요건과 기준을 개발도상국들에게 부과하기 위해 집요하게 노력한다. 예를 들어, 상표권이나 지적 재산권의 보호 규정과 각종 재무제표에 대한 회계감사 등은, 탈산업 경제의 핵심 인사들이 소유하는 지적 권리와 지적 생산물에 대한 지속적 수요를 확보하는 표준적인 (때로는 암묵적인) 수단으로 자리 잡았다.

지난 몇십 년 동안 많은 선진국이 이러한 조치를 취한 결과로 세계 경제는 선진국이 '역사적 로열티(historical royalty)'를 통해 수익의 상당 부분을 거두는 새로운 체제로 변했다. 이러한 지적 재산에 대한 보상은 다양한 공적·사적 분배 경로를 통해 직·간접적으로 전달되고 있다. 서방 세계의 은행, 투자 회사, 보험사, 로펌,

회계법인, 정보회사, 신용평가기관, 광고 및 마케팅 회사 등은 서구 선진국 시민들에게 수십 억 달러를 벌어주고 있다. 이러한 회사들은 개발도상국의 평균적인 임금보다 훨씬 더 높은 보수를 감당할 능력이 있는 것이다. 개발도상국의 시민들은 어쩌면 동일한 교육을 받고 동일한 재능을 타고 났지만, 단지 서방 선진국에 거주하지 않을 뿐이라는 이유만으로 낮은 급여를 감수해야 하는 것이다.

이러한 원리는 패션 산업, 정보예능 산업, 교육문화 산업에도 적용된다. 이들 각 분야에는 역사적 상황과 인간 의식의 타성을 나타내는 지표인 로열티 지불 요소가 엄청나게 쌓여 있다. 개발도상국의 정치인과 경제인, 지식인 엘리트들은 대부분 오랜 역사를 자랑할뿐더러 제3세계의 교육기관들이 흉내 낼 수 없는 지위와 명성을 누리는 서구 유수의 대학에서 교육을 받았다. 비서구 지역의 부유한 명망가들은 자식들을 이튼나 옥스퍼드, 캠브리지, MIT, 웨스트포인트, 시카고, 볼로냐 등지로 보내고 있으며 앞으로도 계속 보낼 것이다.

같은 이유로 이탈리아 패션 산업과 영국과 미국의 대중음악, 할리우드 영화, 미국의 텔레비전 등은 당분간은 비서구 지역의 경쟁자를 만나지 않을 것이다. 우리는 미국과 유럽의 회사들이 더 나은 생산성(서비스 부문에서 생산성이라는 개념은 많은 물음을 제기하지만 얻는 해답은 거의 없다)을 통해, 혹은 서구 지역에 축적된 금융 자원 및 인적 자원 덕분에 이러한 부문을 지배하고 있다는 주장을 진지하게 받아들일 수 없다. 인간 행동 및 문화 양식의 타성에 의해서뿐만 아니라 일상적인 광고에 의해서도 강화되게 마련인 역사적 상투형(historical stereotype)에 소비자 행동이 종속돼 있다는 사실도 서구 회사들의 지배를 뒷받침하고 있다.(주1) 그 결과 문화 생산물 혹은 지적 생산물을 취급하는 많은 주요 시장(매출 규모로 서열을 매겼을 때)은 진입 조건이 무척 까다롭기 때문에 일종의 과점 시장이 되었고 서구 회사들은 별다른 비용 없이 그저 상속자라는 이유로 소유하게 된 역사적 자산에 대한 사용료를 제품 가격에 포함시킬 수 있다.

달리 말해서, (명시적인 형태나 암묵적인 형태로 지적 재산을 서비스하고 판매하는 경우를 포함해서) 제조품과 수출품의 가격에 '역사적 로열티' 요소가 차지하는 비중이 높아졌고, 이에 따라 이 분야의 생산자들은 직접 비용과 관련 없는 수익을 점점 더 많이 올릴 수 있게 되었으며, (경제 관련 평가기관, 등급평가기관, 고급의 기업 컨설팅 회사, 회계법인 같은) 국외자들은 이용할 수도 없고 속을 들여다볼 수도 없는 니치 시장을 창출할 수 있었다. 언제나 이러한 니치 시장은 사익을 최우선시한 역사적 배경에다 레알에코노믹의 특성까지 지니고 있는 부유한 나라들의 영역이었다. 게다가 니치 시장과 거기서 나오는 수익은 정부의 지원을 통해, 그러니까 지적재산권의 제도화나 엄격한 방어 정책의 도입을 통해 보호 받는다. 다른 나라들에게 지적재산권에서 파생되는 제약 사항과 우선권을 보장해야 한다는 요구를 내거는 것도 그러한 정부 지원의 일환이다. 애당초 재화와 서비스의 원천 생산자의 이익을 보장하기 위해 도입된 규범과 기준을 다른 나라들에게 권장하는 것도 추가적인 제약 사항이 된다.

이상은 우리가 현존하는 국제 체제와 그 미래의 발전 전망을 평가할 때마다 불거지는 핵심 쟁점이다. 이러한 쟁점은 예전의 제3세계에서 많은 정치인들이 보인 행위의 동기를 이해하는 데 필수적이지만, 한 번도 공적 토론의 주제, 아니 심지어는 성실한 학문적 분석의 주제조차 된 적이 없다. 이 책은 바로 이 결여된 부분을 채우려는 의도로 쓰여졌다.

항구적인 후진 상태

여기서 동전의 다른 면—상황 논리나 역사적 불가항력에 의해 무형 자산(소유자에게 상당한 로열티 수익을 안겨줄뿐더러 국가 사이의 '게임의 규칙'을 통제할 권리까지 부여하는)을 개발하거나 통제할 수 있는 기회를 박탈당했던 나라들이 변함없이 패배자의 역할을 맡게 된 사정—을 살펴보는 것도 어렵지 않다.[주2] 지난 200년 동안 이 불운한 지역은 언제나 주최 측의 농간으로 상대에게 이른 출발을 허용해야 하는 육상 선수의 처지에 있었다. 세계의 부를 더 많이 차지하려는 이러한 경쟁에서 이른 출발은 언제나 부자 선수에게 주어진 특전이었고 가난한 선수는 거기서 손해를 볼 수밖에 없었다.

그 결과 부유한 나라와 경제 발전이 뒤처진 나라 사이의 간격이 언젠가는 사라지리라고 생각하는 것이 점점 더 어려워졌다. 한두 나라조차 그러한 역사적 도약을 이룰 수 없다는 뜻은 아니다. 하지만 그러한 가능성은 일반적인 현상이 아니라 오직 고립된 사례로만 존재할 뿐이고, 그러한 예외적인 사례조차 점점 더 드문 일이 되고 있다.

겨우 100년 전만 해도 모든 나라에게 경쟁에 뛰어들 수 있는 현실적인 기회가 있었고, 경쟁의 결과가 미리 정해진 것도 아니었다. 만약 어떤 나라가 근면한 노동과 인재를 키우는 교육 정책을 통해 합리적인 경제 구조를 갖추고 있었다면, 부와 경제력의 국제 순위를 크게 올릴 수 있었다. 물론 경제 성장에 필수적인 자연적인 요인—우호적인 환경 및 기후 조건, 그리고 (선진적인 세계 상품 시장이 존재하지 않았으므로 대개는 무력과 행정력의 우위를 통해 획득했던) 천연자원 접근성 등—도 일정한 역할을 했다.

당시에는 과거의 업적이 경쟁의 결과를 미리 결정하지 않았다. 미국이나 구세계의 많은 저개발 국가들, 호주 등의 사례는 모두 초기 자본주의 시대에는 처음의 빈곤 상태가 급속한 경제 개발이나 소비 및 생산 수준의 파격적인 증가를 방해하지 않았음을 생생하게 보여준다. (물론 당시에는 가난한 나라와 비교적 부유한 나라의 간격이 지금처럼 넓지 않았다. 그리고 해당 나라에서 가장 유능하고 정력이 넘치며 성공 지향적인 인물들이 자신들의 기업가적 재능과 야망을 실현할 수 있는 조건이 갖추어져 있었다면, 그 간격은 한 세대 만에 극복될 수 있었다.)

오늘날 세계는 부자 나라와 가난한 나라, 강한 나라와 약한 나라로 영원히 분리되고 앞서가는 나라와 뒤처지는 나라 사이에 커다란 경계가 생긴 것처럼 보인다.

몇몇 나라들은 선진국을 향해 발전하고 있다고 주장하고 있지만, 아직 입증된 것은 아니다. 수출 증가로 혜택을 입은 일부 계층의 소비가 증가한 현상도 그러한 주장을 뒷받침할 만한 근거로 충분치 않다. 설령 한두 나라의 예외적인 사례가 있을 수 있다고 해도, 일반적인 규칙을 바꿀 수는 없다. 여러 나라들 사이에 극단적으로 상이한 수입 및 소비 수준을 강요하는 현 세계 경제의 역할 배분이 조만간 사라지리라는 신호는 전혀 보이지 않는다. 이러한 위계 구도가 해소되기 어려운 까닭은, 세계의 역할 배분이 재화 및 서비스의 생산과 거래 수준뿐만 아니라 관련 규칙과 기준의 적용과 관련해서 이루어졌기 때문이다.

물론 누구나 세계 어느 곳에서든 돈을 모으거나 빌릴 수 있고 경쟁력 있는 생산 시설을 갖출 수 있으며 값싸고 질 좋은 상품을 생산할 수 있다. 그러나 피고용인 1인당 평균 수입은 지적 자산 및 조직 자산(organizational assets)의 소유주가 버는 수입보다 언제나

적을 것이다. 그러한 자산은 소비자 수요를 만족시킬뿐더러 그 수요를 창출할 수도 있기 때문이다. 그리고 '구경제'(산업 경제든 탈산업 경제든) 하에서는 소유주가 사적으로 엄청난 부를 축적할 수 있지만, 노동자들의 수입과 기회는 당연히 새로운 수요를 창출하고 생산 사슬에 새로운 고리를 추가할 수 있는 사람들에 비해 적을 수밖에 없다. 바로 이 사람들에게 들어간 비용은 언제나 가격에 포함되고 최종 소비자가 부담하는 것이기 때문에 이들의 활동에 대해서는 높은 수익률이 보장되기 때문이다.

가난한 나라에서도 인간의 기본 욕구를 만족시키는 생산력은 증가하고 있지만, 선진국과 개발도상국의 간격은 좁혀지지 않고 있다. 게다가 정치적 올바름을 지키기 위해 '후진(underdeveloped)'이라는 용어를 대체한 '개발도상(developing)'이라는 용어도 이러한 나라들이 선진국 대열에 오르는 것은 어느 시골 소년이 영국석유회사(British Petroleum)나 가즈프롬의 사장이 되는 것만큼이나 어려운 일이라는 슬픈 사실을 바꾸지 못한다. 실제로 지난 50년 동안 세계의 경제력 분포도는 겨우 눈곱만큼 바뀌었을 뿐이고, 세계 '부자 클럽'은 신규 회원이 하나도 없었다. 30년 안에 개발도상국 처지를 벗어나 선진국 대열에 들어갈 일말의 가능성이 있는 나라를 아무리 많이 꼽아 보아도, 백 개의 개발도상국 중 열 개 남짓만 겨우 셀 수 있을 정도다.(주3) 그러나 그 중에서도 이러한 기회를 제대로 활용할 수 있는 나라는 하나도 없을지 모른다. 달리 말하면,

'개발도상'이라는 단어는 이들 나라의 경제 상황이 정지해 있지 않다는 의미에서만, 어느 정도는 경제가 발전하고 있다는 의미, 아니 진보하고 있다는 의미에서만 정확하게 쓰인 것이라 할 수 있다. 그러나 이들 나라가 이러한 진보를 통해 결국 선진국 대열에 올라설 것이라고 가정하는 것은 잘못이다. 일부 예외가 있겠지만, 이러한 2등 국이나 3등 국은 한동안은 현재의 위상을 유지하고 영원히 '개발도상국'으로 남을 것이다.

그러나 여기서 핵심 쟁점은 저 불운한 지역이 선진국과의 간격을 좁힐 가능성이 자연적인 과정에 의해 눈에 띄게 축소되었다는 것이 아니다. 이러한 나라들은 국제 시장의 수요에 대응하기 위해 아무리 열심히 노력해도 결국 그 수요를 창출하는 나라들에게 패배할 수밖에 없다. 핵심 쟁점은 인식의 변화이다. 이제 더 이상은 먼 미래에라도 선진국과 후진국의 간격을 좁혀야 한다는 것이 세계 자본주의 시장 경제의 지속가능한 성장을 위한 필수적인 과제로 간주되지 않는다는 점이다.

바로 이 대목이 겉보기에는 순전한 경제적 현상이지만, 그 바탕에는 도덕적인 차원이 있음을 보게 되는 순간이다. 레알에코노믹의 관점을 통해 세상을 다르게 볼 수 있는 대목인 것이다. 선진국과 다른 나라들의 관계에서 이러한 방향 전환이 생긴 것은, 부분적으로는 현대 자본주의 세계에서 도덕적 억제력이 약화된 데서 기인했다. 현존하는 국제 사회의 간격은 결코 변하지 않는 현실로 간주되기에 이르렀고 이러한 관점의 변화는 거꾸로 국제 무역과 투자 관계에서뿐만 아니라 국제 정치의 영역에서도 '게임의 규칙'에 관련된 냉소주의를 널리 퍼뜨리는 데 기여했다.

세계 자본주의 경제 내의 이러한 역할 분담은 선진국과 개발도상국의 관계에 대한 도덕적 접근을 무의미하게 만들었다. 아무리 경제를 성장시켜도 세계 경제에서 새로운 역할을 담당하는 것으로 귀결될 뿐인 상황에서 굳이 가난한 나라의 경제 성장을 도모하는 국제적인 지원 체계를 구축할 이유가 있겠는가? 경제 성장 및 투자 촉진은 일국 정부의 관심사로 축소되었고, 국제기구나 다양한 회의석상에 등장하는 '남북문제'에 관한 대화는 점점 더 가격 흥정을 닮아가고 있다. 선진국은 투자자의 권리 보호와 지적재산권 침해에 대한 엄중한 처벌을 요구하고 있는 반면, 개발도상국(좀 더 정확히 말하면 기꺼이 새로운 규칙을 수용할 의사가 있는 나라)은 국제기구로부터 더 많은 차관을 얻고 서방 정부로부터 더 확실한 지원을 받기를 기대하고 있다.

이 상황에서 중국이 특별한 역할을 할 수도 있을 것이다. 중국은 인구 규모나 정부의 영향력(사실상 중국은 30년 전부터 자국의 국민과 영토를 범세계적 기업 활동에 내주었다), 혹은 막대한 재정적 능력에 힘입어 자본 참여나 기업 인수의 방식을 통해 매력적인 사업에 뛰어들고 싶어 한다. 이러한 적극적인 인수 노력 때문에 최근에는 서구의 정치 지도자와 정부의 반발을 사고 있지만, 이러한 반발은 어떤 원칙의 문제라기보다는 이익 협상이나 서로 겹치는 관심 영역의 문제이다. (중국의 인터넷 검열에 항의하는 최근의 시위처럼) 이상과 원칙의 문제로 묘사되는 현상조차 대개는 기업 활동의 유망한 분야, 혹은 중요한 분야를 놓고 벌이는 냉정한 흥정에 가깝다.

물론 서방의 이러한 접근은, 중국에서 그랬던 것처럼, 역작용을 낳기도 한다. 최근 몇십 년 동안 '남북문제'에서 실용주의가 대두한 것은, 냉전 이후 일부 서방 정부와 세계의 경제 및 정치 지도자들이 도덕적 가치를 포기하는 결과로 이어졌다. 국제 관계는 냉소적인 제로섬 게임이 되었고 레알폴리틱의 원칙(냉혹함, 힘의 정치, 무력, 힘의 과시)이 20세기의 주요 정치 사상 및 경제 사상의 특징이었던 보편적 진보라는 이상을 대체했다.

여기서 잠시 본론에서 벗어난 얘기를 꺼내겠지만, 그것은 나의 이러한 논점을 뒷받침할 것이다. 도덕성을 국제 정치에 끌어들이려는 진지한 노력은, 20세기 초에 제1차 세계대전에서 승리한 연합국 축이 좀 더 공정한 국제 질서의 토대를 만들자는 발언을 했을 때 처음 등장했다. 그러한 시도 중에서 가장 중요한 것이 국제연맹(Leagues of Nations)의 창설이었다. 그것은 공통의 가치에 기반을 둔 민주주의 국가들의 연합이라는 이상을 구현하고 인간의 민주주의적 본성에 호소하는 기구였다. 역사적·사회적 진보가 편협한 국가적 이익이 아니라 어떤 원칙에 입각한 국제 질서에 대한 장기적 전망을 일깨우고 나아가서는 전체 국제 관계를 재편할 것이라는 희망에는 분명 그 나름의 근거가 있었다.

　제2차 세계대전이 끝난 후에 이러한 목적은 다시 주목을 받았다. 체제 경쟁, 특히 서구 자본주의와 소련식 공산주의의 대결은 서방 세계의 지도자들로 하여금 공정한 세계 질서를 유지하기 위한 몇 가지 원칙을 고수하게 만들었다. 이러한 원칙은 공개적으로 천명되었고 널리 받아들여졌다. 인권 존중, 국제 관계에서의 경제적·정치적 자유, 가난 구제, 경제 개발 촉진, 조합주의 국가(corporate state)의 부당한 개입으로부터 서구의 경제 체제를 보호하기 등이 그런 원칙들이었다. 그러나 한때 이렇게 공언되고 지지받았던 원칙들은 깨끗이 수정되거나 완전히 잊히고 말았다. 서방 정부들은 '조합주의 국가의 강한 지도자들'이 경제를 통제하는 나라(예를 들면 중국)에게 투자를 간청하는 지경에 이르렀다. 일단 군사적 위험이 사라지자, 다른 모든 위험—자본주의 체제를 뒷받침하고 시장 메커니즘의 원활한 기능에 필수적인 가치들이 쇠락하는 위험도 포함해서—도 진지한 주목의 대상이 되지 않았다. 물론 지금 당장은 미국 경제도 유럽 경제도 현재 증가 추세에 있는 국영 기업이나 국부 펀드(이들 기업이나 펀드는 중국이나 아랍 왕정처럼 이데올로기적 정부나 조합주의적 정부에 충성스러운 사람들이 관리하고 있다)에 휘둘릴 위험은 없다. 하지만 이러한 추세는 장기적으로 기업계와 전체 서구 경제의 가치관에 실질적인 영향을 미칠 것이다.

　부유한 나라와 가난한 나라 사이에 존재하는 극복불가능한 적대적 차이에 대해서도 똑같은 이야기를 할 수 있다. 세계 인구의 1/3과 나머지 2/3 사이에 수입, 교육, 건강, 안정, 생활수준, 수명 면에서 존재하는 심연 같은 차이는 환경 문제와 더불어 21세기의 긴급한 쟁점이 되었다.

지난 15년 동안의 국제 정치는 이러한 추세를 충분히 보여주었다. 그러나 이 문제를 논의하기 전에, 지난 20년 동안 세계 자본주의가 맞닥뜨려야 했던 또 하나의 중요한 현상에 대해 몇 마디 언급하고 싶다. 소련 및 소련식 경제 체제의 붕괴가 그것이다.

소련 붕괴 이후의 변화

소련 붕괴는 논자에 따라 대단한 승리로 간주되기도 하고 20세기 후반의 엄청난 지정학적 재난으로 여겨지기도 한다. 우선 그것은 세계적인 규모로 진행된 하나의 실험이 끝났음을 알리고 있다. 그 실험은 현대 자본주의가 아니라 어떤 원칙들에 입각해서 오랫동안 지속가능한 경제적·사회적 모델을 세우려는 시도였다. 그 원칙들에는 사유재산 제한, 경제 자원의 효율적인 조정 기구로서의 시장에 대한 거부, 중앙 집중식 계획 경제 등이 포함된다.

적어도 러시아에서는 아직도 소련 붕괴가 소련 경제 시스템의 결함과 비효율에서 비롯된 것이 아니라고 주장하는 사람을 볼 수 있지만, 소련이 만든 경제 시스템도 소련 붕괴와 동일한 시기에 무너진 것이 사실이다. 이제 그 시스템은 스스로 외부 세계와 단절한 조그마한 일부 지역(쿠바와 북한)에만 남아 있다. 물론 1990년대에 소련 경제의 잔해에서 출현한 여러 개의 국민경제들은 당연히 구소련의 흔적을 담고 있다. 하지만 현재 구소련 지역에 있는 여러 나라들의 경제 시스템은 소련의 과거 경제 시스템보다는 소련식 사회주의를 경험한 적이 없지만 경제 환경과 자연 환경, 문화 배경이 비슷한 나라들의 경제 시스템과 더 닮아 있다. 비록 오늘날 러시아 경제에서 작동하는 기본 메커니즘은 미국이나 영국 경제의 기본 메커니즘과 다르지만, 그렇다고 인도네시아나 브라질, 혹은 제2차 세계대전 이전의 이탈리아나 일본보다 덜 '자본주의적'인 것도 아니다. 구소련 지역의 여러 국가들을 세계 경제에서 하나의 독립적인 그룹으로 분류하는 것은 학술적인 목적에나 어울리는 분류법이다. 게다가 '러시아의 특수한 경로'에 대한 모든 경제적·철학적 논의는, 긍정적이든 부정적이든, 러시아 민족주의나 러시아에 대한 민족주의적 혹은 이데올로기적 거부감에 스며들어 있는 온갖 억측과 포퓰리즘적 정서를 대변할 뿐이다.

나는 〈주변부 자본주의(*Peripheral Capitalism*)〉와 〈러시아 전망(*Russia's Prospects*)〉 같은 책에서 러시아 자본주의의 고유한 특성을 자세히 설명했다. 현 러시아 경제의 특성에 내 나름의 분석을 배경으로 자본주의에 대해서, 그리고 사유재산이나 기업의 시장 논리 같은 자본주의의 기본 특성뿐 아니라 러시아 특유의 미성숙한 시민 사회, 허약하고 위태로운 정부 기관, 세계 자본주의 경제에의 철저한 의존 등에 대해서도 다루었다. 사실 20세기 말과 21세기 초의 러시아는 소련 붕괴 이후 각 시기마다 조금씩 다른 상황을 맞이하긴 했지만, 미성숙한 자본주의로 인한 고통은 꾸준히 겪었다. 자본주의 이전 시대에서부터 내려오는 수많은 사회적 문제도 있었고 러시아 상황과는 전혀 맞지 않는 제도를 도입하려는 시도에서 불거진 문제도 있었다. 금융 자본주의 단계에 속하는 제도들이 마구잡이로 도입된 것인데, 이 제도들의 특징은 원래의 의도와 의미에서 완전히 절연되어 다른 모든 분야를 집어삼키는 특징을 갖고 있다는 점이다. 결과적으로 러시아는 서구의 탈산업적 '금융 자본주의'에서 빌려 온 제도와 형식이 거의 중세적인 관계(정부의 관료 집단 내부에도 존재하고 관료 집단과 사회 사이에도 존재하는)와 혼재해 있는 전혀 납득할 수 없는 공상적 상황에 빠지고 말았다.

예컨대, 러시아에도 주식 시장이 존재한다. 가장 복잡하고 정교한 시장은 아니겠지만, 적절한 기술 인프라를 구비하고 있어서 다양한 증권을 거래하고 있는 꽤 완성된 형태의 주식 시장이다. 그러나 거대한 규모의 사유재산을 운용하는 전통이 없었던 나라에 등장한 것이고, 기업의 소액 주주나 지배 주주의 권리를 보장하는 장치를 갖추고 있지 않다. 물론 러시아의 사법 제도와 상사 중재 제도도 자본주의 사회에 적합한 모든 형식을 따르고 있지만, 실질적으로는 정치적 영향력이 강한 집단의 이익을 방어하는(기껏해야 조정하는) 도구로나 존재할 뿐이다. 뿐만 아니라 상업 조직의 합법성을 감독해야 하는 검사와 조사 당국은 소련 시대 말기의 유사 기관보다도 임무 수행 능력이 떨어진다. 그리고 오늘날 러시아의 경제계는 특수한 사회 집단이 되었고 그들의 지위와 이해관계, 정체성은 명확하고 일관된 설명이 불가능할 정도로 모호한 상태에 있다.

합작품

현대 러시아의 경제 시스템은 독립적으로 다룰 필요가 있는 엄청나게 복잡한 주제이다. 상호 의존적인 경제 관계의 모순적이고 다면적인 성격들이 합리적 설명이 불가능할 정도로 하나의 시스템 안에 공존하고 있기 때문에, 단 몇 개의 문장으로 그 시스템을 정합적으로 설명할 수 없다. 중요한 것은 현재의 러시아 경제 시스템이 우연히 등장한 게 아니라는 점이다. 물론 외부 세계가 강제로 부과한 것도 아니다. 그러나 어떤 외부의 영향이나 개입 없이 러시아 내부에서 발전한 현상으로 간주할 수는 없다. 러시아의 현 경제 시스템은 구소련이 남긴 유산을 토대로 외부 세계, 특히 지정학적 실체로서의 서방 세계의 지원을 받아 러시아 정부가 밑바닥부터 개량한 체제이다. 오늘날의 러시아는 여러 가지 모순과 실패, 외부 세계에 대한 복잡한 태도를 안고 있는 상황 그대로 소련 붕괴 시기에 권력의 정점에 오른 구소련 지도자와 서방 정부의 지도자들이 공동으로 만든 합작품이다. 서방의 지도자들은 세계 경제에서 그들이 확보하고 있는 위상과 영향력 덕분에 세계의 모든 중요한 경제 발전에 대해 책임을 져야 하는 위치에 있다.

비서구권 경제를 포함해서 전 세계 경제의 미래를 책임지는 것은 이론적으로나 실천적으로 서방 정부들의 도덕적 특권이다. 나는 이러한 특권을 그들의 대단한 능력에서 나오는 자연스러운 부산물로 간주한다. 이 대단한 능력이 그들에게 도덕적 의무와 책임감을 부여하는 것이다.

소련 붕괴 이후 온갖 모순적인 결과를 야기하며 러시아가 변화해 온 과정이나 역사를 보면, 서방 세계가 무척 중요한 역할을 했다는 사실을 명확히 알 수 있다. 물론 러시아의 변화 과정은 근본적으로는 국내적 요인과 밀접히 관련돼 있었고 서방의 정부나 비정규 기구들과 무관한 힘에 의해 추진되었다. 하지만 이러한 변화 과정이 서방 세계의 반응에 상당 부분 의존해 있었던 것도 사실이다. 서방 세계의 국민들이 러시아와 대화를 하겠다고 선택한 것이나 어떤 방식으로 대화에 나설 것인가 하는 점도 러시아의 변화 과정에 영향을 미쳤다.

서방 세계는 공식적으로는 민주주의 세력을 지원하고 전체주의에서 민주주의로의 이행을 뒷받침하는 방식으로 러시아 내부의 사건들에 반응했다. 그러나 민주주의라는 개념은 지나치게 광범위하기 때문에 발언자의 태도나 이해관계에 따라 전혀 다른 내용을 담을 수 있다. 우리는 여기서 민주주의를 '국민의 권력'이라는 원래의 정의대로 생각하지 않을 것이다. 1991년 초엽부터 이러한 정의는 추상적인 개념으로 간주되어 폐기되었다. 실제로 민주주의에 대한 정의는 셀 수 없이 많지만, 일부 정치 지향적 지식인들이 널리 확산시킨 대중적인 정의는 민주주의 문화가 부재한 나라에서는 너무 좁은 의미의 민주주의를 뜻한다. 그것은 여러 집단의 이해관계를 조정하는 절차(특히 선거 제도)와 규정(법령)을 가장 중요하게 여긴다. 그러나 서방 세계에서 완전히 비민주적인 체제로 간주되는 나라에서도 서구에서 가장 좋은 법령에 버금가는 국가적 절차(state procedure)를 제시할 수 있다. 물론 이러한 절차는 광범위한 논쟁의 주제가 될 수 있다. 소비에트 헌법을 수용하기 전의 러시아에서 보듯, 적절한 위원회 설립 문제라든가 산더미처럼 쌓인 관료제적 업무 등이 논란의 대상이 될 수 있는 것이다. 더욱이 이러한 체제에서는 법령이 문자 그대로 지켜지기도 한다. 결국 히틀러는 선출 지도자였고 그에게 권좌를 안겨 준 1933년 선거는 엄격하게 법과 합치된 선거였으며 법을 근거로 한 어떤 이의도 제기되지 않았다.

마찬가지로 선거주의라든가 관료 책임주의, 행정·입법·사법의 3권 분립 등으로 민주주의를 정의하는 것도 비생산적이다. 이러한 원칙을 천명하는 것은 몇몇 특정 이상을 반영하는 것에 불과하며, 바로 이러한 의미에서 또 다른 원칙들(가령, 권력의 통일성과 분리불가능성)도 앞의 원칙들과 동렬에 오를 수 있다. 그러나 이러한 원칙들이 공식적으로 표명되는 방식은 하나의 국가 구조를 드러내고 그 국가가 어떤 유형의 권력 관계와 사회 관리를 선호하는지 보여줄 것이다.

간단히 말해서, 민주주의는 다양한 이해 집단들 간의 권력 배분이며 법규로 정해지는 규칙을 모든 참여자가 준수한다는 조건 하에서 치러지는 정치적 경쟁 관계(선거는 권력에 대한 여러 경쟁 집단들을 중재하는 제도의 정점에 있다)이다. 그러나 소련 붕괴 이후의 러시아는 이러한 경로를 선뜻 따르지 않았고 통치 집단이 실제로 바뀔 가능성에 직면할 때마다 걸음을 멈추거나 심지어는 과거로 후퇴하려 했다. '새로운 민주주의 러시아'가 탄생한 이후 국가 피라미드의 꼭대기에는 아무 변화도 생기지 않았다. 체제는 집단 구성원을 자의적으로 바꾸는 방식으로 스스로를 재생산했을 뿐이다. 총선이 치러지기는 했지만, 기묘한 여론조사(여론 자체도 체제가 만들었다)에 불과했고 실질적인 결과는 전무했다. 언론매체는 심각한 정치적 결과를 야기하지 않고 체제의 위협이 되지 않는 한도에서만 자유를 누릴 수 있었다.

처음에는 비록 선거 관리자나 감독관이 규칙을 지킬 것이라는 보장은 없었지만, 영향력 있는 집단들이 선거를 통해 번갈아 집권하는 지방들이 있었다. 그러나 21세기가 시작하면서 지방 정치마저도 정부 최고위층의 실질적인 통제를 받기 시작했고 선거는 예측이 가능한 행사가 되었다.

이러한 체제가 경제 관계, 특히 빈곤 문제에 미치는 영향은 특별한 주목을 요한다.(주4) 나는 몇 권의 책을 통해 이 문제에 대한 해답을 찾은 적이 있다.(주5) 거기서 나는 소련 붕괴 이후의 러시아 정치 시스템은 영구적인 권위주의와 비대한 국가 관료주의, 그리고 법이 경제 규제에서 부차적인 역할밖에 못한다는 점 등을 특징으로 한다고 밝혔다. 그리고 이 시스템의 주뢴 특징은 경제 자산의 소유와 경영 관계, 자산의 수용(收用) 등이 공식적인 법 규범(만족스러운 법이든 아니든 상관없이)이 아니라 은밀한 비공식 권력에 의해 규제된다는 점이다. 그러한 권력은 변화무쌍하기 때문에, 영향력이 언제까지 지속될지 항상 불확실하다. 따라서 러시아에서는 개인이 거대한 자산을 소유하는 것은 잠정적이고 일시적인 일로 여겨지며 소유주가 자신의 자산을 마음대로 처분하거나 재화 생산에 사용할 수 있는 권리가 제대로 인정받지 못한다. 이러한 현상은 소련 붕괴 이후의 전 시기에 해당한다. 단지 자유주의 성향의 정치인이나 정치학자들이 주장하듯 민주주의와 법치주의가 급격하게 축소된 지난 몇 년 동안으로 국한된 현상이 아니다(이러한 주장은 러시아가 2002~3년 이전에는 몇몇 사소한 결함을 제외하면 법률에 기반을 둔 민주주의 국가였다는 암묵적인 가정, 혹은 적어도 그러한 국가로 나아가는 도중에 있었다는 암묵적인 가정에 근거한 것이다). 실제로 2003년 이후에 많은 민주적 제도와 절차가 폐지되었다. 그러나 체제와 유력 집단의 실질적인 관계는 1991년 이후로 거의 변하지 않았다. 당연히 러시아 내 주요 자산의 통제권에도 거의 변화가 없었다.

"민주주의 친구들"

지난 10년 동안 러시아는 경쟁력 있는 정치 시스템을 갖추는 데 실패했고 어떤 결정적인 전기를 마련하지도 못했다. 오히려 1990년대부터 시작된 경향이 지속되고 있는 상황이다. 나는 푸틴의 이른바 민주주의적 발전 경로에 대한 거부 선언이 나오기 이전에 이러한 경향에 대해 〈탈현대화(Demodernization)〉에서 쓴 적이 있다. 당시 나는 1990년대 러시아에서는 절대 바뀌지 않은 최고위 관료층이 형성되었고 정치 시스템과 경제 활동이 공식적인 정치 제도나 사법 제도와 무관한 규칙에 의해 지배되고 있다고 설명했다. 러시아 엘리트 계층의 상당수가 이러한 상황을 용인했다. 불과 몇 년 후에 이러한 시스템의 위험성과 무익함에 대해 우려의 목소리를 높이기 시작한 사람들도 당시에는 그러한 상황을 가만히 보고만 있었다.

한편, 서방의 정부들과 많은 서구 지식인들은 소련 붕괴 이후 러시아의 정치 및 경제 시스템의 발전 상황을 조용히 지켜보면서 러시아 최고위 관료층이 서방 세계, 특히 미국과 긴급한 사항에 대해서 협조할 준비만 되어 있다면 이러한 과정에 아무런 위험이 없을 것이라고 판단했다. 당시 러시아에 적용된 민주주의의 기준은 단순한 순환 논리로 환원되었다. 즉, 민주주의는 '민주주의자'가 집권할 때 존재한다는 논리. 그리고 '민주주의자'란 우리를 친구로 여기고 따라서 우리도 그만큼 친구로 여기는 사람들을 뜻했다. 우리와 더 가까운 친구일수록, 더 확실한 '민주주의자'라는 것(이 단순한 공식은 러시아뿐만 아니라 구소련 연방이나 구유고 연방에 속했던 나라들에도 적용된다. 이렇게 이 공식은 광범위하게 쓰이고 있고 과거의 공산주의 진영 전체에 지속적으로 적용되고 있다).

그러나 아무리 단순한 기준이었다 하더라도 현실에 대한 적절한 고려를 통해 신중하고 유연하게 적용되었던 것도 사실이다. 즉, 서방 세계의 '민주주의 친구들'이 러시아 엘리트 계층의 주변부에 자리 잡고 있을 때, 그래서 러시아 정책 결정에 별다른 영향을 미치지 못할 때는 가볍게 무시되었다. 반대로 체제에 반대하는 누구라도 영향력이 커지는 사람이라면 조심스럽게 포용되었다. 다른 한편, 서방 세계에 대해 호의적인 태도를 보이고 서방의 지원에 대한 대가로 특정 나라의 특정 이익을 고려할 준비가 되어 있는 러시아 지배 관료층의 일부는 최대한의 지원으로 보답 받았다. 그 결과, 서방 세계의 여론은 러시아의 장밋빛 미래를 보장하는 '주요 민주주의' 세력의 역할을 이른바 자유주의자(대부분 구소련의 콤소몰과 공산당 출신이다)들에게 부여했다. 이데올로기적으로 서구와 가깝고 러시아의 외교 정책에 실질적인 영향력을 행사할 수 있는 옐친 세력도 여기에 포함된다. 소련 붕괴 이후의 러시아를 바라보는 지배적인 관점에 따르면, 한편으로 서방의 의견을 가장 잘 경청할 것 같은 인사를 지원하거나 다른 한편으로 서방 세계에 우정을 약속하는 러시아의 유력 집단을 지원하는 것은 모두 서방 세계의 이익을 위한 일이었다.

일반적으로 우정은, 특히 정치에서 우정은 공짜로 얻기 힘들다. 때로는 돈으로 값을 치러야 한다. 그러나 돈을 쓰는 것을 좋아하는 사람은 없다. 옐친 세력의 자유주의 집단이 기대한 러시아에 대한 재정 원조는 결국 미미한 수준에 머물렀다. 특히 냉전에서 서방 세계가 승리하고 광대한 지역의 전체주의 경제를 서구식의 자유 시장 체제로 바꾸는 엄청난 과제를 생각하면 지원액은 너무 약소했다. 어쨌든 오늘날 서방 국가들이 대불황을 가라앉히기 위해 사용하는 자금에 비하면, 당시 국제 금융 기관들이 러시아에 제공한 원조는 하찮은 수준이었다. 게다가 이 재정 원조의 상당액이 외국인 컨설턴트에게 지불되거나 별 가치가 없어 보이는 훈련 프로그램에 소요되었다.

결국 서방 세계는 가장 값싼 비용으로 우정의 값을 치렀다. 러시아 지도부의 의심스러운 국내 정책에 대한 도덕적 지지가 그것이다. 당시 러시아 지도부는 도덕적 제약을 피하는 데 기막힌 융통성을 보여주었다. 단지 몇몇 사람의 개인적인 부패가 문제였다면, 대의를 위해 눈을 감은 것뿐이라고 정당화할 수도 있다. 그러나 안타깝게도 당시 러시아 정부는 개인적인 치부와 관련해서는 오히려 깨끗한 편이었고 공공의 이익에 대해서는 완전한 무관심으로 일관했다. 결과적으로 러시아 정부는 개인적인 치부 이외의 보편적인 도덕 가치가 존재한다는 생각, 즉 정직한 노동과 검약, 준법정신, 타인의 이익에 대한 배려, 공익사업 등은 정당한 보상을 받을 만한 행위라는 가치관이 존재하고 국가는 이러한 가치관을 장려하고 지원해야 한다는 생각을 조롱한 셈이었다.

당시의 러시아 지도부는 오히려 어떤 행동을 취하거나 혹은 아무런 조치도 취하지 않는 방법으로 그와 정반대되는 모습을 보였다. 몇 년 동안 수백, 수천 퍼센트를 넘나드는 극심한 인플레이션을 겪은 것은 돈을 저축하려 했던 노동자들에게 가혹한 시련을 안겨 주었다. 정직한 관리와 경찰, 의사, 교사들은 벼랑 끝에서 살아야 했다. 봉급은 물가만큼 오르지 않았고 재정 적자를 이유로 몇 달 동안 밀리기 일쑤였다. 법과 질서는 회복하기 어려운 수준으로 망가졌다. 공권력 집행기관들은 파산한 국가 예산에 의존하는 대신 범죄자든 누구든 돈을 지불할 능력이 있는 사람들에게 비공식적인 용역을 제공해 생계를 유지했다. 세금 징수는 지지부진했고 국가 재산은 "자산가 계층을 확대한다"는 취지로 입만 번지르르한 수완가들에게 거의 공짜로 분배되었다. 국영 텔레비전을 비롯한 여러 매체들은 무법천지의 혼란을 틈타 벼락부자가 된 사람들을 '유능한 경영자'로 떠받들었고 노동자, 농부, 정직한 공무원, 기술자, 과학자, 학자, 경찰, 의사, 교사 등을 망라한 가난한 사람들에게 "돈 버는 법을 배우고 자신만의 사업을 하라"고 부추겼다. 스트레스와 정신 질환, 알코올 중독, 기본적인 의료 서비스의 부재 등으로 인해 갑자기 사망률이 증가했지만, 완전히 무시되거나 소련 시절의 성가신 유산으로 간주되었다. 이러한 사태를 뒤에서 구경만 했던 러시아 정부와 관료들은 자신들을 기근과 경제 붕괴, 내전, 공산주의로의 회귀 위험에서 국가를 구한 영웅으로 선전했다(아직도 그러고 있다).

그러나 러시아에서는 내전이 벌어지지 않았다(비록 1993년에 내전이 시작되었다는 명백한 징조가 있기는 하지만). 소련 시절로부터 깨끗이 단절해야 한다는 믿음 때문이었다. 사람들은 개혁의 필요성을 이해했고 자신들과 자식들의 삶이 더 나아질 것이라고 믿었다. 그러나 이러한 믿음은 배반당했다. 냉소적인 무리들이 정권을 잡고 러시아에서 소련식 시스템을 제거하겠다는 꿈을 가졌던 수백만 명의 어깨에 올라탔다. 이들은 권력은 모든 것을 정당화하고 목적이 수단을 정당화한다는 볼셰비키식 전술을 응용했다. 2000년 이후에 환멸과 냉소가 그토록 뿌리 깊이 퍼진 이유가 여기에 있다. 인구의 절대 다수는 당시 대통령인 블라디미르 푸틴의 권위주의 체제를 지지하고 헌법에 규정된 거의 모든 민주주의 제도를 거부했다.

단기적 이득과 전략적 곤경

하지만 현실을 이해하는 것은 쉽다. 가령, 처음에는 '젊은 자유주의자들'에게 공감을 표시하고 '충격 요법'의 주요 지지자였던 미국의 경제학자 제프리 삭스(Jeffrey Sachs)를 예로 들어 보자. 그는 이렇게 말했다. "러시아의 개혁은 무너졌다. 나는 2년 동안 (1992~1993) 러시아에 체류했지만, 러시아를 제대로 돕지 않는 '서방 세계'에도, 제대로 개혁을 추진하지 않는 러시아에도 넌더리가 났다. 1993년 이후, 특히 1995년과 1996년에는 부패가 폭발 지경으로 증가했다. 나는 사태를 슬프게 지켜보았다. 애석하게도 미국 정부는 부패 진척을 늦추기 위해 거의 아무런 행동도 하지 않았다. 미국 정부는 이를 가볍게 외면했다. 오늘날 논란의 중심으로 떠오른 '올리가르히(러시아의 과두지배세력—옮긴이)'는 대부분 1990년대 중반의 부패와 '석유 주식' 거래에서 생긴 집단이다."⁽주6⁾

1991년 이후 미국과 유럽 정부들은 러시아를 특정 지도자의 성향에 좌우되는, 국제적으로 별 중요성이 없는 나라로 취급했다. 그래서 그들은 정책에 신경을 쓰기보다는 실질적인 지도자로 여겨지는 사람과 친분을 맺는 데 주력했다. 공개적으로 천명된 민주주의 원칙과 러시아 당국이 실제로 취한 행동의 차이를 용인했을 뿐만 아니라, 러시아 최고위층에게 그들이 서방의 실질적 이익과 우려(소련의 정치적·군사적 위협 같은)에 대해 경청할 준비만 되어 있다면 서방의 일반 여론은 쉽게 통제하거나 간단히 무시할 수 있다는 분명한 신호를 보냈다. 소련 붕괴 이후에 러시아를 담당했던 전직 관료나 고문들이 이것과는 상반되는 발언을 하더라도, 이것이 옐친과 푸틴에 대한 서방 정부들의 기본 태도였다. 즉, 원칙보다 이익을 앞세우고 공정하고 안전한 국제 질서에 대한 장기적 전망보다 단기적인 정치적 이득을 우선시했다.

이러한 태도가 단지 편의성에 나온 것인지 아니면 러시아와는 그저 거래를 하고 있을 뿐이라는 클린턴과 부시 정부의 확신에서 나온 것인지는 분명치 않다. 아마도 두 가지 다 해당될 것이다. 물론 문화적 오해도 작용했을 것이고 러시아 지도자들이 서방의 진정한 친구가 되면 얼마나 큰 이점이 있는지 언젠가는 알게 될 것이라는 진지한 믿음, 아니 편의적인 발상도 작용했을 것이다. 이면의 동기가 무엇이든, 이러한 태도는 우리 둘이 멋지게 타협하면, 다른 모든 사람도 그것을 쉽게 받아들일 것이라는 분명한 메시지를 전달했다.

때로 이러한 태도는 모두에게 만족스러울 정도로 잘 통했다. 흔히 가족으로 불리는 옐친 세력에게도 통했고, 2000년대 초기의 푸틴에게는 더 잘 통했다. 특히 푸틴은 여론을 본능적으로 무시했고 국제 문제나 국내 문제에서 중요한 것은 '원칙'이 아니라 강력한 지도자의 의지라고 믿었는데, 서방이 러시아를 대하는 자세는 푸틴의 이러한 태도와 신념을 더욱 강화시켰다. 그러나 훗날의 사태 전개는 이러한 접근법이 엄청난 재난을 초래했음을 보여주었다. 경제에서는 쉽고 빠르게 이익을 얻으려 할수록 시스템에 오랫동안 누적되는 리스크에 눈을 감아야 한다. 이것이 레알에코노믹의 중요한 지침이다. 1990년대 러시아에서 온통 혼란 속에 거의 반범죄적으로, 급속히 진행된 사유화(私有化)의 물결은 단기적으로는 대중이 소련식 견해와 사유에 뿌리 깊이 물들어 있는 자들의 권력으로 회귀하는 위험을 줄일 수 있었다. 하지만 장기적으로는 핵무기가 온갖 부수적인 위험과 나머지 세계 전체에 파국적인 결과를 초래하면서 결국 죽음의 종말에 이르는 경로로 돌변할 가능성을 높이고 말았다.

과연 현실적인 대안이 있었을까? 서방이 다른 태도를 취해 러시아의 정치 및 경제 시스템을 다른 경로를 통해 발전시킬 수는 없었을까? 나는 있었다고 생각한다. 1990~1991년에 개혁을 처음 시작할 때는 상황이 유동적이었다. 제2차 세계대전 이후 유럽에 적용된 마셜 플랜(Marshall Plan)처럼 정교하게 계획되고 전문적인 역량이 발휘된, 정치적으로 정직한 접근 방법이 있었다면, 훨씬 긍정적인 영향을 미칠 수 있었을 것이다. 나는 그러한 접근 방법이 결정적인 역할을 했을지 확신은 못하지만, 서방이 좀 더 도덕적인 태도를 취했다면 러시아 내부의 여론이 달라졌을 것이라고 생각한다. 이데올로기적 공세의 힘이 약해졌을 것이고 좀 더 건강한 이상과 도덕을 내세우는 세력이 더 큰 힘을 얻었을 것이다. 이러한 입장을 취하는 데에는 값비싼 원조 프로그램도, 서구 납세자들의 대단한 희생도 필요 없었다. 단지 나쁜 일을 나쁘다고 하는 것, 다시 말해 러시아의 이른바 '민주주의' 지도층의 냉소적인 정책을 승인하지 않고 공공 기금과 국가 자원을 이용해 사익을 취하는 그들의 불법적이고 비도덕적인 행태를 용인하지 않은 것으로 충분했다.

더욱이 사람들과 사회의 다양한 영역은 서로 얽혀 있고 영향을 주고받기 때문에, 러시아를 비롯한 구소련 지역에 대한 서방의 편의적인 입장이 부정적인 영향을 미치고 여기서 논란이 발생하면, 결국 이러한 입장은 서방 국가들 내부의 윤리 환경에도 해로운 영향을 미칠 수 있었다.

거짓과 기만으로는 거래 관계를 수립하거나 피고용인에게 성실하고 정직한 태도와 예의 바른 태도를 기대할 수 없다. 어떤 나라에서는 인권을 옹호하고 다른 나라에서는 함부로 무시할 수도 없는 법이다. 다른 나라의 냉소적이고 비도덕적인 정책을 지지하면 자국의 도덕적 기준을 약화시킬 수밖에 없다. 이러한 주장을 정확한 자료로 뒷받침할 수는 없다(물론 사기와 뇌물 발생률 증가가 GDP

성장률에 미치는 직접적인 역영향을 기초로 계량경제학 모델을 만드는 것은 어렵지 않다). 하지만 나는 이러한 요인, 즉 구소련 지역의 변화가 중요한 것은 단지 안정과 번영에 대한 직접적인 위협을 제거할 수 있기 때문이고 사회 환경은 신비로운 섭리에 맡기면 된다는 근시안적인 레알에코노믹식 믿음도 오늘날 '금융 자본주의'가 겪는 위기의 한 가지 원인이라고 생각한다. 국제 정치에서 도덕성 및 도덕성과 현대 자본주의의 관련성을 고려하면, 서방이 구소련 지역의 변화에 대해 취한 태도는 다만 하나의 에피소드에 지나지 않는다는 점이 분명해질 것이다. 그러나 국제 관계에서 해결되지 않은 문제들은 선진국의 전반적인 도덕적 환경에 영향을 미쳤고, 이는 거꾸로 경제 행위자들의 위험천만한 행동을 용인하는 이해할 수 없는 분위기를 낳았다. 그렇지 않았다면 그런 위험한 행위들은 적시에 발견되어 알맞은 조치가 취해졌을 것이다.

국제 정치(1990~2008년)
: 정치 철학의 부인, 경제력과 무력에 의한 지역 문제 해결

국제 관계에서 도덕적 가치를 도외시한 주요 결정이 내려지는 경우는, 단지 부국과 빈국의 위험스러운 격차나 구 공산주의 경제권의 변화 과정에 국한된 현상이 아니다.

소련 붕괴 이후에 러시아 지도층은 서방 선진국과의 대결 구도를 포기했다. 이는 40년 냉전의 종식을 의미했고, 나를 포함해 많은 사람들이 이제 새로운 시대가 시작된다는 희망을 품었다. 대결의 시대는 끝이 났고, 전 세계의 동반 성장과 생활수준의 향상이라는 대의에 입각해서 세계 강국들이 서로의 이해관계를 조정할수 있는 시대가 왔다고 생각했다. 1990~1991년에 '대협상(Grand Bargain)'이라는 미소 협력 프로그램에 참여했을 때, 나는 많은 사람들이 이러한 희망을 공유하고 있다고 느꼈다.(주7)

20년 이상 지난 지금 이러한 희망은 아무 결실도 맺지 못했다. 지난 20여 년 동안 국제 정치는 세계 질서는커녕 단 하나의 지역 문제도 해결하지 못했다. 이라크, 아프가니스탄, 보스니아, 소말리아, 파키스탄, 카슈미르, 스리랑카, 필리핀, 특히 중동 상황에서부터 대만과 코소보의 지위와 터키의 쿠르드족 상황, 구소련 지역의 영토 논란에 이르기까지 많은 지역 문제가 그대로 쌓여 있다. 핵무기 비확산 문제 역시 아직 해결되지 않았고, 이란과 북한 문제도 불안정한 상황이다. 국제 사회는 르완다와 스레브레니차 학살 사건에 아무 대응도 하지 못했다. 외교적·정치적 노력은 예외 없이 상황을 개선시키는 데 실패했다. 각각의 사례는 특수하고 유일한 것이지만, 모두가 불길한 채로 남아 있고 언제 다시 폭발할지 모르는 상황이라는 점은 똑같다.

미국과 유럽이 자신들의 힘을 행사할 수 있는 입지는 줄곧 약화되었다. 이는 주요 유엔 기구의 장기적인 투표 추세에서 뚜렷이 알 수 있다. 위기를 겪고 있는 다양한 지역에 대한 서방의 정책—그루지야, 짐바브웨, 미얀마, 발칸 반도, 코소보, 다르푸르 등의 갈등을 해소하고 이란의 핵 야심을 막기 위한 범세계적 공조 체제를 구축하려는 시도 등—은 모두 실패로 끝이 났다. 10년 전만 해도 유엔 회원국의 72퍼센트가 유럽의 인권 정책을 지지했다. 2009년에는 이 수치가 48퍼센트로 낮아졌다. 미국의 입장에 대한 지지율은 77퍼센트에서 30퍼센트로 더 낮아졌다. 러시아 대 유럽연합과 미국의 오랜 갈등은 이제 전면에 등장했다. 물론 이러한 실패나 패배에 대해 특정한 누군가를 비난하면서 '서방 세계'의 적들의 은밀한 행적을 찾아내는 것은 언제나 가능한 일이다. 특히 요즘처럼 미국과 유럽의 노력에 대해 저항이 거세지는 상황이라면 말이다. 그러나 좀 더 합리적으로 평가하면, 서방 국가들의 대외 정책이 지난 20년 동안 질적으로 눈에 띄게 낮아졌다는 놀라운 사실을 인정해야 할 것이다.

무엇보다도 이러한 현상은 미국에게 들어맞는다. 미국의 정책은 제2차 세계대전 이후 세계 질서를 좌우했다고 해도 과언이 아니다. 냉전이 끝난 후, 미국은 세계에서 마지막으로 남은 '초강대국'이었다. 미국은 이 엄청난 책임을 효과적으로 수행했던 것일까?

많은 미국인들이 냉전 승리를 오해하고 새로운 세기의 시작을 '역사의 종말'로 인식했다. 미국은 전 세계가 미국식 민주주의의 길을 따를 것이라는 가정 하에 국제 정책을 수립했고 "네가 모르면 우리가 가르치겠다. 배우고 싶지 않다면, 배우고 싶게 만들겠다"라는 낡아빠진 군대식 논리를 동원했다.

그러나 실제로는 대결의 시대가 종언을 고하자 대부분의 나라는 자유롭게 문화적·종교적 다양성을 선언했고 자신들의 문화적 열망을 정치적 현실로 바꾸기 위해 노력했다. 그 전에도 물론 그러한 다양성은 존재했지만, 이쪽이나 저쪽 진영에 속해 있어야 했기 때문에 다양성은 묻히기 일쑤였다. 서방 국가들의 인구는 약 7억 명, 혹은 인구 전체의 약 10퍼센트에 이른다. 지금까지 세계 역사의 객체에 불과했던 나머지 90퍼센트가 이제는 중요한 역할을 하기 시작했다.

현대 세계는 여러 면에서 무척 다양한 모습을 보인다. 부의 분배나 번영의 정도라는 측면에서만이 아니라 사회 구조나 지배적인 가치, 전통이라는 측면에서도 그렇다. 게다가 사회 구조의 차이는 이미 정해져 있는 역사적인 발전 단계의 차이로 환원되지 않는다. 모든 나라는 똑같은 길을 가고 그 길의 다른 단계에 도달해 있을 뿐이라는 가정, 다시 말해 지금부터 100년이나 200년 후에는 아프리카나 중동의 나라들도 현재의 서유럽과 미국의 생활환경에 버금가는 사회·경제 구조를 갖추게 될 것이라는 믿음은 완전히 그릇된 생각이다. 모든 나라와 국민에게 오직 하나의 미래만 있다는 관념은, 냉전의 양대 진영(마르크스주의와 그 적들)이 모두 수용했던 20세기의 가장 거대한 신화였다. 21세기 초인 지금의 세계는 100년, 200년 전보다 더 통일된 세계도 아니고 더 동질적인 세계도 아니다. 그러므로 세계는 100년 후에도 지금만큼 다양한 세상일 것이라고 말하기 위해 굳이 위대한 예언자가 될 필요는 없다.

그러나 서방, 특히 미국은 오히려 이것과 반대 논리에 입각한 정책을 펴고 있다. 미국과 그 동맹국들의 이라크 및 아프가니스탄 개입을 옹호하는 주장에는 문명화라는 임무에 대한 언급이 자주 등장한다. 이러한 논리는 구소련 지역에 대한 입장, 나토를 군사 동맹에서 정치 기구로 변화시키려는 시도, 반이슬람 정서, 국제 문제를 선과 악, 좋은 놈과 나쁜 놈의 대결로 몰고 가는 흑백 논리 등 대외 정책의 다양한 영역에 나타나고 있다.

이러한 관점은 지금처럼 이른바 '좋은 세력'에게 별다른 군사적 이점이 없을 때는 한층 더 이상하게 보인다. 미국의 힘은 여전히 20세기식 위험 요인으로 측정되고 있다. 물론 항공모함과 장거리 폭격기는 소련 진영을 봉쇄하는 데 효과적인 수단이었다. 하지만 21세기식 위협은 전혀 다른 성격을 갖고 있다. 테러리즘, 온갖 염세적 신앙과 이데올로기, 민족주의, 환경 재앙, 핵무기 확산, 에너지 불균형 등과 싸우기 위해서는 다른 수단이 필요하다. 무엇보다도 모든 정파가 대화에 참여하는 광범위한 협조가 필수적이다. 그러기 위해서는 강자가 약자를 대할 때처럼 짐짓 생색을 내면서 어깨를 두드리는 게 아니라 서로 다른 의견을 수용하고 모두가 동의

할 수 있는 정교한 해법을 만들어야 한다. 불편하고 뻣뻣한 나라를 그 주변을 '준전시 지역'으로 만드는 방식으로 적대하고 고립시키거나 파괴적인 군사 대결로 끌어들여야 한다는 논리는 이미 오래 전에 시효를 잃은 낡아빠진 생각이다.

정치적 사고의 수준

냉전 이후 미국과 유럽의 대외 정책은 이상과는 거리가 멀었지만, 이것은 단지 정보의 부족이나 세계의 객관적인 발전 법칙에 대한 오해에서 비롯된 것이 아니다. 오히려 대불황을 일으킨 근본 원인과 연관되어 있다. 즉, 원칙과 인도주의의 정치보다 레알에코노믹의 정치적 실용주의를 선호한 정치인들이 득세한 현상과 관련된 것이다.

나는 여기서 실용주의라는 용어를 사회적으로 의미 있는 긍정적인 목적을 추구하는 과정에서 실용적으로 행동하는 태도라는 의미로 쓰고 있지 않다. 고상한 사회적 과제를 달성하는 현실적인 방안을 찾을 때의 실용주의는 정당할 뿐 아니라 도덕적이기까지 하다. 융통성은 결코 약점이 아니다. 오히려 완고함이야말로 지성의 허약함이다.

나는 여기서 약간 다른 종류의 실용주의를 말하고 있다. 그것은 보다 더 높은 목적과 이상과 원칙이 없는 사람들, 가장 단순하고 가장 쉽게 자신의 이익을 얻으려는 사람들의 냉소적인 태도를 뜻한다. 정치인들에게는 언제나 쉬운 길이 있다. 유권자와 사회 지도층에게 공약의 정당성과 혜택을 설득하는 대신 단지 전반적인 대세를 따르면 된다. 더 나쁜 것은 정치인들이 인간 본성의 밑바닥에 있는 어떤 성향에 영합해서 자신의 위치를 높일 수 있다는 점이다. 타인을 경멸하거나 타인의 의지를 억누르고 새로운 것이나 이해하기 어려운 것은 모두 반사적으로 거부하면서 타인의 재산과 힘을 빼앗으려 하는 게 인간 본성의 밑바닥에 있는 어떤 성향이기 때문이다. 이러한 상황에서 대화와 공존 대신 힘에 기초한 정책을 따르는 것은 어쩌면 자연스러운 선택일지 모른다.

앞에서 우리는 '금융 자본주의'의 포스터모던한 현실에 억지로 적응해야 하는 대중들의 도덕적 좌절감에 대해 살펴보았다. 정직한 노동의 대가가 아무 노력 없이 국가의 지원과 보호를 통해 얻은 재산보다 가치가 떨어지는 이러한 상황에서는 아무 원칙도 없는 전문가와 무지한 정치인들이 '문명의 충돌'이나 '자유의 적들'과의 전쟁이라는 헛된 관념을 이용하고 싶은 엄청난 유혹을 느낄 것이다. 따라서 시민 사회의 자유를 교묘하게 이용할 줄 아는 유력 정치인들의 오만함과 맹목은 최근 몇 년 동안 안보를 위해 인권을 포기하는 우울한 결과로 이어졌다.

공적인 자기 과신과 오만의 이면에는 은밀한 사적 냉소주의가 있다. 그것은 불편한 사실과 거짓과 비밀 감옥의 고문과 '우리' 정치인들의 금융 범죄에 대해 기꺼이 눈을 감으려는 태도이다. 이러한 공과 사의 관계는 석유와 천연가스 생산, 불투명한 거래, 기업들의 이권 등에 기초한 '정치 매매 행위'를 양산했다.

국제 정치에서 도덕성의 역할이 감소한 것은 언론 매체의 책임감이 줄어드는 결과로 이어졌고 언론은 선전 기관으로 변질되고 말았다. 더욱이 텔레비전의 후광을 입은 매혹적인 연예 산업은 정치의 전문성을 증발시키고 정치와 공익의 관련성을 더욱 멀리 떼어 놓았다.

세계 경제의 현 상황에 영향을 미치려는 G-20국가들의 노력이 아무 성과도 내지 못한 것은 이미 확인된 사실이었다. 경제 위기를 논의하기 위해 만난 세계 지도자들은 대불황의 진짜 원인에 대해 진지하게 토론할 수 없었다. 그들은 다음과 같은 질문에 아무 대꾸도 할 수 없었다. 대량학살무기가 존재한다고 국제 여론을 속인 짓이 정당했다면, 부실 증권을 널리 퍼뜨리는 짓은 왜 잘못인가? 대다수 민주주의 국가들이 고문에 가담한 것이 괜찮다면, 불량 채권을 발행하는 것은 왜 나쁜가? 만약 세계 지도자들이 이러한 문제를 논의해야 했다면, 당연히 탐욕스러운 은행가에 대해서만이 아니라 그들 자신의 역할에 대해서도, 서구의 정치 시스템 전반에 대해서도, 정치 수준의 급격한 타락에 대해서도, 나아가서는 대기업들, 특히 금융 부문의 대기업들이 지난 몇십 년 동안 정치와 결탁했고 급기야는 정치를 지배하게 된 사실에 대해서도 논의할 필요가 있었을 것이다.

　위기를 극복하는 것은 값비싼 대가를 치러야 하는 험난한 일이다. 정치인들은 꼭 필요한 대량 파산의 집행을 꺼리기 때문이다. 규모가 너무 큰 탓이다. 그 결과 사회가 감내해야 할 충격은 재난 수준에 이른다. 게다가 정치인이 만약 올바른 방향으로 움직이면, 구석에 몰린 기업계는 기성 정치계에 이렇게 물을 것이다. 누가 냉소와 위선의 분위기를 조장했던가? 누가 세계 정치를 원칙을 사고파는 투기장으로 변질시켰던가? 누가 무책임한 자만심을 과시했던가? 누가 냉전 종식의 의미를 이해하지 못했던가? 등등. 결국 정치인들은 대답을 하는 대신 보상을 하기로 결정했다. 그러나 막대한 구제금융 조치는 표면적으로만 상황을 개선시켰을 뿐, 본질적으로는 아무것도 변화시키지 못했다. 그리고 우리가 목도한 극히 위험한 과정은 여전히 진행 중이다. 20세기식 정치와 경제는 새로운 세기의 현실에 점점 더 어울리지 않게 되었다.

　본질적인 문제는 그대로 남아 있다. 경제 위기라는 병을 치료해야 하는데 환부의 뿌리까지 파고들어가 궁극적인 원인을 살피지 않는 채 더 많은 돈을 쏟아 붓기만 하는 것은, 원인은 건드리지도 못하고 증상만 완화시킬 뿐이다. 투자자를 비롯한 세계 경제 게임의 모든 참여자들은 무엇인가가 빠져 있고 아직 시장의 신용은 회복되지 않았다는 것을 알 수 있다. 진정한 회복은 계속 지연되고 있다.

5

러시아의 위기는
다른 문제다

러시아의 현실에 직접 연루된 당사자로서 현실에 직접 개입한 적도 있고 내부에서 상황의 전개 과정을 가만히 지켜본 적도 있는 개인적인 경험을 토대로, 그리고 앞에서 21세기의 대불황에 대해 쓴 내용을 토대로 이제 대불황이 러시아 경제에 어떤 영향을 미쳤는지 살펴보겠다.

러시아의 경제 시스템은 러시아의 문화와 역사를 반영하고 소련 경제를 개혁한 성과를 반영할 뿐 아니라, 서방 경제의 최근 추세에 강한 영향을 받아 성장한 것이기도 하다. 실제로 1990년대에 러시아에서 자본주의가 부활한 과정은, 자본주의의 주요 흐름을 반영하는 일종의 거울이었다. 70년 이상 지속된 공산주의 체제 하의 '반자본주의'는 유럽과 미국에서 자본주의의 성장을 뒷받침했던 역사적 토대를 모두 파괴했다. 그런데 최근의 서방에서는 바로 그 토대조차도 구조적이고 심리적인 변화를 겪고 있다. 비록 무심한 눈에는 잘 보이지도 않지만 말이다.

어찌 됐든 1990년대의 러시아 정치인들은 역사적 토대에서 자연스럽게 성장한 대항 세력이 부재했기 때문에 현대 자본주의의 여러 요소 중에서 자신들의 개인적인 취향과 이익에 맞는 요소, 수십 년에 걸친 통제 경제가 끝난 후 러시아 경제 구조를 어떻게 바꿀 것인가에 대한 자신들의 구상에 가장 잘 어울리는 요소만을 수입했다.(주1)

달리 말하면, 러시아가 이른바 시장 개혁을 단행했을 때, 즉 러시아 경제를 서구식 자본주의라는 약속의 땅으로 인도해 줄 것이라는 시장 체제를 도입했을 때, 이 '개혁'에는 몇 가지 중요한 요소가 빠져 있었다. 무책임한 탐욕을 저지해 줄 전통의 힘이라든가 사회적 경험 등이 누락돼 있었던 것이다. 그러나 '개혁'은 소비자와 노동자를 통제할 수 있는 커다란 권력을 정치 및 경제 당국에 부여했고 이들은 공공 이익을 완전히 무시했다. 결과는 충분히 예상할 수 있었다. 러시아는 새로운 자본주의 경제 체제를 구축하면서, 정치 분야에서 그랬던 것처럼, 가장 야만적이고 가장 냉소적인 사양, 도덕적으로 가장 비열한 사양을 선택했다.

러시아의 사례에서 우리는 서구의 수많은 흐름 중 하나가 다른 나라에서는 핵심적인 추세로 자리 잡고 신생 경제의 주축이 될 수 있다는 점을 보게 된다. 이 장에서 나는 나의 모국에 뿌리를 내리고 앞으로 오랫동안 득세하게 될 러시아 특유의 자본주의 양상을 살펴 볼 것이다.

힘의 경제학

1990년대에 이른바 '이행 시기'가 공식적으로 완결된 후에도 러시아는 아직 서구식 자본주의로 향하는 도정의 출발점에 있었다. 20년 이상 그 길을 따라 온 지금도 러시아는 여전히 (애초에 개혁의 주요 목표로 책정되었던) 선진 시장 경제의 경제 메커니즘이 자리를 잡지 못한 상태다.

요즈음의 러시아는 일종의 혼합 경제이지만, 현대 경제 이론에서 적용되는 의미와는 다른 의미에서 그렇다. 러시아 경제에 혼합되어 있는 것은 재산 형태나 통제 형태가 아니라 경제적 행위 논리와 사회적 행위 논리이다. 러시아의 현실에는 자본주의에 적합한 요소와 자본주의와 완전히 어울리지 않는 요소가 결합되어 있다. 여기서 어떤 환상도 품어서는 안 된다. 러시아는 법의 지배에 기초한 민주주의 사회가 아니다. 그렇다고 노골적인 독재 국가도 아니다(가끔 그렇게 보이기는 하지만). 마피아 집단에게 꼼짝 없이 잡혀 있는 나라도 아니다. 러시아는 여러 가지 규칙에 의해 지배되는 사회로 볼 수 있다. 그 규칙들에는 법과 관습도 있고 자의적인 정치와 범죄적인 강압도 있다. 러시아 사회는 분명한 논리적 지침을 따라 움직이는 대신 어떤 암묵적인 '이해(understanding)'에 매달리는 사회다. 그 암묵적인 '이해'는 하나의 정합적인 체계로 정리할 수 없는 데다 끊임없이 변화하고 있다. 변하지 않는 것이라곤 러시아 구석구석까지 영향을 미치는 러시아적 삶의 법칙이다. 모든 것이 권력과 우연에 달려 있다는 법칙.

사실 1990년대의 러시아의 경제 현실도 '사회주의' 계획 경제에서 자본주의 시장 경제로 이행하는 시기로 규정할 수 없다. 지금도 그러한 이행기라고 말할 수 없다. 사실 소련의 유산, 아니 소련 이전 시기의 유산인 많은 관계와 제도들은 효율적인 시장 경제 제도와는 전혀 양립할 수 없지만, 오늘날의 러시아에도 어엿이 존재하고 있다. 게다가 과거의 유물로서가 아니라 현 경제 시스템의 살아 있는 요소로 존재하고 있다.

거시경제적 층위에서 부패 관료와 불투명한 기업 관행의 공존은 국가 자원의 활용을 결정하는 체제의 한 요인으로 남아 있다. 이러한 협력 틀 안에서 오랜 세월 동안 관료들은 기업의 이익을 보장하는 결정을 내린 대가로 엄청나게 많은 돈을 은밀히 받아 챙겼다. 여러 부문들과 산업들, 지역들 사이로 금융 자원의 배분을 결정한 것은 시장도 아니고 투명하고 공개된 정치 과정도 아니다. 모든 것은 밀실 거래와 파워 엘리트 내부집단의 음모에 의해 결정된다.

미시경제적 층위에서는 오늘날 러시아의 기업 환경이 전체주의 국가의 '정부 계획 경제'에서 현대 ('정상적인') 서구 사회로 이행하는 과정에 있다고 할 수도 없다. 오히려 온갖 다양한 형태의 제도와 관계들이 기괴하게 혼재해 있는 형국이다. 현대와 전통, 시장과 비시장, 합법과 불법, 시민적 관계와 폭력적 관계 등이 이리저리 뒤섞여 있다.

러시아의 기업가 아무에게나 그의 삶과 일을 지배하는 규칙이 무엇이냐고 물어 보라. 그는 진심으로 아무 대답도 내놓지 못할 것이다. 러시아에서는 기업가의 성공이나 상대적 안정을 보장하는 보편적인 규칙이 존재하지 않기 때문이다. 어떤 경우에는 공식적인 법에 입각해서 행동하고, 다른 경우에는 당국의 힘이나 연줄에 의존할 것이며, 또 어떤 경우에는 본능적으로 상황 논리를 따를 것이다.

이러한 절충적이고 비합리적인 행동들을 몇몇 사회관계로 체계화하면, 러시아와 사회 및 경제 시스템을 지배하는 원리를 몇 가지로 정리할 수 있다.

1. 비공식적 관계의 역할, 그리고 법과 경제 현실의 괴리

경제 '게임'은 법이 아니라 소련 붕괴 이후 10년 내지 15년 동안 형성된 여러 가지 규칙에 의해 지배된다. 모든 경제 행위자들이 이 규칙을 지키는 이유는 자생적 '처벌'에 대한 두려움 때문이다. 공식적인 법도 자생적으로 형성된 경제 규범과 위배되지 않는 한도 내에서만 작동하고 있다. 이러한 자생적 규칙들, 그리고 이 규칙들에 따른 경제 활동은 정확히 '비공식 경제'라고 불리고 있다. 러시아 GDP의 절반 이상을 비공식 경제가 담당하고 있다.

더 널리 쓰이는 '그림자 경제'는 공식적인 등록도, 신고도, 과세도 되지 않은 거래를 뜻하는 용어로 더 폭이 좁다. 반면 '비공식 경제'는 더 광범위한 영역을 가리킨다. 꼭 은밀하게 이루어지는 거래만 뜻하는 게 아니라, 법망 외부에서 이루어지는 행위, 혹은 법으로 정해진 지침을 어기는 행위를 포함한다. 가령, 거짓 부도 선언, 불법 지불, 가치나 가격의 과대평가나 과소평가, 수출 조작, 부당 이득 등이 그런 경우다. 이러한 사례는 회계 당국이나 조세 당국의 눈길에서 벗어난 경제 영역에 만연된 현상이지만, 공공 영역에서도 널리 퍼져 있다. 비공식 경제는 공식 경제 혹은 합법 경제와 따로 떨어져 존재하지 않는다. 비공식 경제는 공식적인 규칙에 부합하는 합법적인 경제 활동의 견지에서는 도저히 납득할 수 없는 괴상한 관행을 도입하면서 합법적인 경제 영역에 스며들어 있다.

2. 비공식적 강제

비공식 경제는 '비공식 권력' 체제에 의존해서 작동할 수밖에 없다. 러시아의 경제와 사회, 국가는 모두 불문율에 지배당하기 시작했고, 시민들(특히 사회 활동이 활발한 사람들)과 공공 기관은 법이 아니라 개인적인 친분 관계, 선례, 강압적으로 밀어붙이는 능력에 의존해서 활동한다.

이해관계가 대립하는 갈등에서 결정적인 역할을 하는 것은 청탁 능력이다. 법은 조문 그대로 지켜지거나 완전히 무시된다. 강압적으로 자기 의사를 관철하기 위해서 정부 권력을 동원하거나 시장 및 시장 참여자를 물리적으로 통제하거나 직접 폭력(범죄)을 행사하지만, 어떤 경우든 가장 강한 자의 법이 가장 확실한 '법'으로 행세한다.

3. 중재자의 역할

정부는 경제 분쟁의 불편부당한 중재자나 계약 시행의 보증자로서 아무 역할도 하지 못하고 있다. 오히려 경제 주체들이 이러한 기능을 떠맡고 있다. 각자는 오직 자신만의 힘에 의존하거나 후원자의 힘에 의존해서 적을 상대해야 한다.

4. 신뢰의 역할

채무 이행이 국가의 규제를 받지 않고 오히려 경제 주체 본인들의 힘에 의존할 때, 경제계는 신뢰 부재의 복마전으로 전락한다. 기업주와 상인들은 국가를 믿지 않고 국가 당국은 기업계를 믿지 않는다. 은행은 고객을 믿지 않고, 고객은 은행을 믿지 않으며, 기업은 채권자와 동업자를 믿지 않는다. 일반 대중은 아무도 믿지 않고(어쩔 수 없이 국가와 기업계를 상대해야 하기는 하지만), 점점 더 이런 상태가 정상이고 자연스러운 사회 환경이라고 믿게 된다. 그 결과 러시아의 회사들은 선진국의 일반적인 회사들에 비해 능숙한 경제 전략을 활용할 수 있는 여지가 줄었고 성공의 기회가 훨씬 적어졌다.

5. 경제력 집중의 역할

기업계가 채무 이행을 보증하기 위해, 그리고 인과성(necessity)이라는 '비공식적 정의(informal justice)'에 의존하기 위해 자원을 활용해야 할 필요성은 고도로 집중된 준독점적 기업체를 낳았다. 러시아에서는 2~30개의 기업들이 총생산의 70퍼센트 이상을 담당하고 있고, 기업계와 정부 조직에 포진한 수백 명 가량의 엘리트 집단이 중요한 결정을 내리고 있다.

이러한 관점에서 보면, 정부 조직과 공식적으로는 아무 관련이 없는 기업가들과 국가 입장에서 기업 활동을 감독해야 할 관료들을 망라하고 있는 저 악명 높은 '올리가르히'도 곤혹스러운 오점이나 이행기 러시아의 일시적인 현상이 아니라 러시아의 경제 · 정치 시스템이 낳은 자연스러운 산물일 뿐이다.

6. 재산권의 역할

준법 행위도, 비교적 정직한 기업 활동도, 불문율 (이해) 준수도 사유재산이 '재분배'되지 않을 것이라고, 혹은 더 강력한 경제 및 정치 및 정부 집단에 의해 몰수되지 않을 것이라고 보장하지 못한다. 만약 어떤 지역이나 산업, 혹은 기간 시설을 실제로 통제하는 강력한 집단이 있다면, 그 집단은 손쉽게 온갖 형태의 자산을 빼앗을 수 있다. 편파적인 중재 재판소 혹은 아예 자기 휘하에 두고 있는 중재 재판소를 통해 거짓 파산 선고를 내리고 행정 기관이나 회사 직원들을 동원해 기업 활동을 방해하는 방식으로 소유주의 권리를 무력화시킬 수 있기 때문이다. 언론매체에 간혹 등장하는 특정 기업체를 둘러싼 갈등은, 경영 문제와는 무관하게 벌어지는 끊임없는 재산권 이동의 빙산의 일각일 뿐이다.

주변부 자본주의

러시아 경제 시스템은 여러 가지 요소가 함부로 뒤섞여 있고 경쟁력도 떨어져 보이지만, 2001~2008년에 비교적 성공적인 모습을 보여준 데서 볼 수 있듯, 나름의 안정성과 자생력, 심지어 발전 능력도 갖추고 있다. 더욱이 유력 집단으로 이루어진 방대한 네트워크를 구축함으로써 정치적 지원과 사회적 지원—완전히 믿을 만한 지원—을 확보할 수 있었다(물론 저 유력 집단들은 반대급부로 개인적 이득을 챙겼다).

이러한 사회적 지원은 고위직 관료나 그들과 가까운 기업가들에게만 국한된 현상이 아니라, 폭넓은 영역의 다양한 이해 집단에게도 해당된다. 이들의 상호 작용이 경제 상황을 실제로 결정하다시피 하고 있다. 그리고 이들은 여기서 개인적인 이익을 취하고 있지만, 공식적인 권력 구조와는 부분적으로만 관련돼 있다.

특정 이해 집단이 러시아 경제 구조에 편입해서 개인적인 이익을 챙길 수 있으려면 하나의 중요한 요인이 필요하다. 그것은 특정 경제 영역이나 기간 시설 자산에서부터 노동 가능한 인구와 현금에 이르기까지 여러 가지 경제 자원에 대한 실질적 통제력이다.

이익 집단들은 지역이나 특정 부문, 기업조직, 당파 등 다양한 조직 원리를 기반으로 성립한다. 내부 통합의 정도도 다양하고 조직 구성의 형태도 다양하다. 그들은 공식적인 행정 당국을 대변하기도 하고 준공식적인 기구를 대변하기도 한다. 물론 다양한 층위의 공공 독점기업(가즈프롬, 트란스네프트 등 독점권을 보장받거나 연방 차원에서 시장 환경을 규제할 권리를 위임받은 국영기업들, 그리고 그와 유사한 지역기업들)을 대변하기도 한다. 이익 집단들은 또한 국가 참여 지분이 있는 금융 기구들, 혹은 국가 참여 지분이 전혀 없는 금융 기구들을 대변하기도 하며, 범죄 집단을 대변하기도 한다.

　이처럼 온갖 형태를 띠고 있지만, 이 모든 조직들은 두 가지 중요한 측면을 공유하고 있다. 필수적인 경제 자원을 통제하고 있다는 것, 그리고 비경제적, 행정적 통제력을 발휘한다는 것. 수익을 극대화하기 위해 자원 활용을 촉진하거나 방해할 수 있는 물리적 능력이 자원 통제의 주요 수단이다. 게다가 이러한 통제는 법적 재산권에 기반을 두는 게 아니라 이해 집단의 자원 통제권을 부인하는 누구에게든 강압적인 제재를 가할 수 있는 능력에 기반을 두고 있다. 강압의 형태는 직접적일 수도, 간접적일 수도 있고 합법적일 수도, 불법적일 수도 있지만, 결국에는 경제적 압박이나 직접적 폭력을 행사할 수 있는 능력으로 요약할 수 있다.

　이러한 조직들에는 또 한 가지 눈에 띄는 특징이 있다. 이익 집단들의 구성원은 경제 자원의 활용으로부터 직접 수입을 얻는 경우가 드물다는 점이다. 주로 다른 조직에게 자원 활용권을 허가하고 일종의 임대 수입(온갖 구실의 공제액, 뇌물, '수수료', 정기적·비정기적 강탈 등)을 챙기는 방식을 고수한다. 물론 모든 고위 관료가 뇌물을 받고 국가 기금을 횡령한다는 얘기는 아니다. 시스템 자체가 수완가들이 합법적인 방식으로 교묘하게 행정 당국의 이점을 활용할 수 있도록 구축되어 있다는 뜻이다. 그러나 이득을 얻는 방식이 어떻든, 이득은 실제 생산에서 나오는 것이 아니라 특정 조직에 가담해 있다는 사실에서 나온다.

사실 현재의 거의 모든 러시아 엘리트들은 현존 시스템으로부터 상당액의 비생산적 수익을 챙기고 있다. 그렇기 때문에 현재의 시스템을 보존하는 데 관심이 많다. 그들 중에는 다양한 집단들에게 혜택을 주는 경제적·정치적 결정을 내림으로써 그에 따른 대가를 얻는 고위 관료들도 있고, 뇌물을 주고 대가성으로 독점적 수입권을 얻는 대기업 수장들도 있다. 그리고 경찰 병력을 동원해서 시스템 외부의 범죄자로부터 기업을 보호할 수 있는 동시에 직접 강탈자로 나설 수 있는 법 집행기관의 관료들도 있다. 마지막으로 시스템의 정당성을 이데올로기적으로 변호하고 엘리트 집단 내부의 모순을 이용해 집단적·개인적 이득을 챙기는 대중매체의 수장들과 직업 정치인들(의회 구성원과 공공 기관의 수장들)이 있다. 시스템 내부의 다양한 이해관계가 이리저리 얽혀 있기 때문에, 러시아의 엘리트 집단은 설령 시스템의 취약성과 시스템에 내재한 역사적 교착 상태를 분명히 인식하고 있더라도 스스로 상당한 손실을 각오하지 않고서는 시스템을 파괴할 수 없는 처지에 있다.

이것이 현대 러시아 자본주의의 일반적인 특징이다. 광범위한 분야의 논문이나 언론에서 러시아 자본주의를 '관료 자본주의'나 '범죄적-관료적 자본주의', '노멘클라투라 자본주의' 등 다양한 이름으로 부르고 있다. 나는 이러한 호칭이 적절치 않다고 생각한다. 첫째, 이 이름들은 감정적이고 주관적이다. 둘째, 러시아 자본주의의 수많은 특징 중 한 가지만 반영하고 부각시킬 뿐, 러시아 자본주의 고유의 복합적이고 모순적인 성격을 표현하지 못하고 있다.(주2) 오늘날의 러시아에 더 적합한 명칭은 주변부 자본주의(peripheral capitalism)이다.

한편으로 이러한 정의는 러시아에 성숙한 시민 사회와 러시아 고유의 제도, 특히 공정하고 독립적인 법정을 갖춘 효과적인 사법 제도가 없다는 사실, 나아가 장식물에 불과한 정당-의회 기구 대신 경쟁적인 정치 시스템이 존재하지 않고 의회와 정당에 책임을 지는 정부가 존재하지 않는다는 사실을 명백하게 반영하고 있다. 다른 한편으로 '주변부'라는 용어는 러시아 경제에 자족적인 성장 메커니즘이 없다는 사실과 러시아 경제가 대불황 시기에 확실히 입증되었듯이 현대 자본주의의 핵심부(선진국 경제)에 지나치게 의존하고 있다는 사실을 부각시킨다.

혁명 혹은 복고?

말이 나온 김에 오늘날의 러시아 정치 시스템이 갖고 있는 명백한 특징을 정리해 보겠다. (1) 권위주의적이지만 기본 바탕이 허약한 국가. (2) 다른 모든 지도층(여기에는 최고 지도자들과 권력 투쟁을 벌이는 여러 파벌도 포함된다) 위에 군림하며 특별한 역할을 수행하는 한두 명의 최고 지도자들. (3) 국가 기구 내의 반(半)봉건적 관계들(직위 배분, 즉 상호 이해를 통해 불법 수입원으로 활용되는 일종의 '여물통' 시스템). 어쩌면 1917년 이전의 러시아 체제로 돌아간 것이 아닌가 싶을 정도이다. 비대한 관료 집단에게 과도한 역할을 부여하고 권위주의적 왕정과 허약한 시민 사회로 둘러 싸여 있는 '주변주' 자본주의 체제 말이다.

　오늘날의 러시아 경제는 또한 (서유럽의 경제 시스템에 비해) 후진적이었던 제정 러시아 자본주의의 많은 특성을 그대로 보유하고 있다. 더 선진적인 경제에 의존해야 했던 20세기 초반의 특성도 고스란히 남아 있다. 지금도 그 당시처럼 경제의 중추는 주로 천연 자원(광업과 농업, 어업, 임업)에 기대고 있다. 물론 3차 산업(교통, 통신, 무역, 금융)에도 의존하고 있지만, 1차 산업의 수요를 충당하는 제한적인 시장에서만 작동하고 있다. 그밖에는 소규모 제조업과 성장 능력이 제한된 판매 및 유통 회사, 그리고 외따로 존재하는 경영 능력이 우수한 몇몇 첨단 기술 회사뿐이다. 낙관적인 전망에서는 이 희귀한 사례들을 대규모 현대화의 선봉으로 보고 있다. 그러나 러시아 제조사의 대부분이 생산 능률과 비용 효율을 향상시키지 못하는 무기력 상태에 발목이 잡혀 있다.

　경제 자원이 실제로 활용되고 있는 현황 역시 20세기 초반의 러시아 상황을 거울처럼 반영하고 있다. 100년 전이나 마찬가지로 낮은 노동력 유동성(지역 간, 직업 간, 사회계층 간에 모두 통용된다), 낮은 토지 이용률, 그리고 서구에 비해 엄청나게 허약한 금융 시장 등이 러시아 경제를 좀먹고 있다.

　외부인에게는 그럴듯하게 보이는 주식 시장도 어엿이 존재하지만, 여기에서 자금을 끌어오는 러시아 회사는 한 군데도 없다. 주식 시장을 통해 자금을 융통하려는 회사들은 거의 예외 없이 외국 거래소로 눈길을 돌린다. 러시아 주식 시장이 적대적 인수의 도구로 활용되는 경우도 없다. 거의 모든 러시아의 상장 회사들은 유동 주식이 10퍼센트가 채 되지 않아서 그러한 시도 자체가 기술적으로 불가능하기 때문이다. 게다가 오직 예외적인 상황에서만 외부 주주들에게 배당금이 지불되기 때문에, 러시아의 증권 거래소는 자본 시장의 역할을 충분히 할 수 없었다. 러시아의 증권 시장은 겉모습만 그럴 듯한 장식품 같아서 국영 기업과 일반 대중의 돈을 이른바 '주식 시장 전문가'에게 나눠주는 사기 도구였을 뿐이다.

　자금 시장(money market) 역시 성숙한 자본 시장과는 거리가 멀다. 사설 상업 은행의 신용 거래는 주로 중소 기업체가 이용해 왔다. 다른 분야나 산업으로 막대한 자본을 투입할 수 있는 대형 대출은 두세 개의 대형 국영 은행이나 (훨씬 더 자주) 외국의 은행 연합들이 제공하고 있다. 사실 이것이 러시아 회사들이 안고 있는 외국 회사채 규모가 2008년 기준으로 무려 5천 억 달러가 넘어가는 이유다. 19세기 후반에서 20세기 초반 사이의 자본주의 형성기에 러시아에는 완전한 국민 자본 시장이 세워지지 않았고, 20세기 후반과 21세기 초반의 자본주의 재도입기에도 사정은 마찬가지다.

러시아가 21세기의 처음 10년 동안 걸어온 길은 꼭 1세기 전 러시아가 제1차 세계대전 직전까지 걸었던 길과 동일하다. 형태상으로는 자본주의이지만 전자본주의적 관계들에 꼼짝 없이 붙잡혀 있는 상황이다. 이러한 체제는 작고 허약한 경제계, 기업계와 사회를 완전히 장악하고 있는 관료 집단, 그리고 공식적으로는 무제한의 권력을 부여받았지만 실제로는 관료 집단을 통제할 수 없는 최고 지도자로 이루어져 있다. 그리고 이 나라는 외국 시장에 의존하고 있으며 자본 시장은 미성숙한 상태이고 민간 투자에 대한 유인책이 부족한 획일적인 경제 구조를 갖추고 있다. 게다가 광대한 천연 자원을 소유하고 있지만, 자원 소유자(대개는 국가)의 권리를 보호하는 제도도 부족하고 일반 경제 행위자들이 합리적이고 공정한 가격으로 이 자원들을 이용할 수 있도록 해주는 제도도 부족한 나라이다.

이러한 단점은 러시아 정치 지도자들을 괴롭히는 우려스러운 상황을 낳고 있다. 오늘날 러시아에서 부활한 것은 1917년에 붕괴한 시스템이다. 100년 전 당시 수백 년 된 러시아 제국이 무너지면서 제국의 모든 제도가 붕괴했으며 일시적으로는 러시아라는 나라 자체가 없어졌다. 이러한 폐허 위에 세워진 소련은 수많은 생명을 제국 건설의 토대로 삼았다. 소련은 1991년에 거의 똑같은 이유로 무너졌고, 이 사건은 한 세기에 두 번째로 러시아라는 나라의 근간 제도들을 뒤흔들었다. 만약 오늘날의 러시아의 정치 및 경제 시스템이 새로운 환경에 적응하지 못하고 현대 역사상 세 번째로 무너져 내린다면, 1천 년 역사의 러시아라는 나라는 종막을 고할지도 모른다. 그리고 이러한 사태는 러시아뿐만 아니라 세계 전체에도 비극적인 결과를 야기할 것이다.

러시아의 위기

러시아 역시 세계 자본주의 경제에 속해 있기 때문에 대불황에 강한 영향을 받을 수밖에 없다. 게다가 러시아는 미래에 대한 자신감이나 재산권 존중이라는 견지에서 볼 때, 효과적인 공공 기관도 부재하고 기업계의 심리적 분위기마저 취약한 상태이기 때문에 성숙한 서구 경제보다 더 큰 충격을 입을 수도 있었다.

이미 2007년 말과 2008년 초에 러시아 경제는 위기가 임박해 있었다. 만약 경제 위기가 생산량의 한계와 지나치게 높은 생산 비용 사이의 모순을 해결하는 가장 자연스러운 방식이라는 전제를 받아들인다면, 러시아에는 위기의 사전 조건이 지난 몇 년 동안 눈에 띄게 축적되었다.

예컨대, 루블화(貨)의 시장 환율이 구매력 평가(purchasing power parity) 수준에 거의 근접한 상황은 국내 생산자들의 경쟁력을 약화시켰다. 수입 관세의 감소 역시 비슷한 영향을 미쳤다. 2008년 당시 실질적으로 관세가 적용된 제품군은 거의 없었다. 국내 물품을 대체하는 수입품에 대한 실질적인 장벽이 없는 셈이기 때문에, 해마다 수입품은 30~40퍼센트 증가했다. 자동차, 식품에서 대형 산업 장비에 이르기까지 거의 모든 시장을 수입품이 장악했다. 덕분에 수입업자들은 구매력 증가분을 대부분 흡수하면서 개인 소득 증가와 기업 수익 증가의 혜택을 톡톡히 보았다.

국내 비용을 줄이려는 시도는 아무 성과도 내지 못했다. 수출 상품의 가격이 상승하자 자금 환경이 용이해졌고, 수출업자에게 재화와 서비스를 공급하는 업자들은 일부 부패한 부류와 범죄 집단까지 포함해서 각 단계마다 조금씩 자기 몫을 챙길 수 있었다. 개인 저축액을 주로 부동산 구입에 투자하는 성향은 자산 가격, 임대료, 건설 부문에 존재하는 온갖 형태의 행정 비용과 부패 비용을 급등시켰다.

(러시아 정치·경제 시스템의 성격을 반영하는) 금융 부문과 서비스 부문의 자본 집중은 모스크바의 노동력 품귀 현상을 낳았다. 그에 따라 처음에는 모스크바에서, 이어서 지방의 생산 지역에서 임금 수준이 급격히 상승했다. 서비스 부문의 높은 임금은 유동 노동력의 모스크바 유입을 이끌었다.

에너지와 상품 가격은 세계적인 가격 상승과 그에 따른 국내 시장에의 유입량 부족으로 인해 급속히 상승했다. 이러한 물가 상승은 정부가 국영 독점 기업체의 비용을 절감하고 경쟁력 강화를 위한 구조 조정에 나서길 꺼려했기 때문에(혹은 나설 수 없었기 때문에) 한층 더 자극받았다. 주요 독점 기업은 5년이나 10년 전과 마찬가지로 불투명한 상태로 남아 있었고 정부의 효과적인 통제를 거부했다.

정부는 조세 수입이 꽤 증가했음에도 불구하고 경제에 대한 영향력이 좀처럼 늘지 않았다. 처분할 수 있는 자금이 급속히 증가했지만, 정부의 수준과 기능은 오히려 떨어졌다. 관료 기구와 경제 규모가 모두 성장했지만, 부패 역시 급격히 늘어났고, 사법 권력과 의회 권력은 단순한 배경으로 전락했으며, 정부의 효율성은 경제 정책을 비롯한 모든 측면에서 감소했다.

정부 경제 정책의 효율성은 확실히 저하되었다. 이는 정책 결정 담당자의 신호와 명령에 적응하고 반응하는 정부의 능력이 그만큼 떨어졌다는 뜻이다. 전반적인 금융 자원의 흐름이 증가했는데도, 관성의 힘과 경제 및 관료 집단의 기득권이 점점 더 경제 성장의 (영역 간) 비율과 주요 흐름을 지배하게 되었다. 부패 규모를 경제적으로 의미 있는 수준까지 떨어뜨리려는 시도는 애초에 달성 불가능한 목표로 폐기되었다.

결과적으로 높은 수익 증가는 주로 수입 물량의 상승과 자본 도피를 촉진했다. 생산 시설에 대한 장기적인 투자는 최소한의 수준으로 고정되었다. 소비자 시장이 거의 아무런 저항 없이 수입업자에게 넘어갔고, 술, 일부 건설 자재, 기본 전자 제품을 제외한 거의 모든 제품군에서 국내 제조품의 소비자 시장 점유율이 급속히 줄어들었다.

정부가 참여한 기업체에도 수상쩍은 관행이 만연했다. 대형 국영 기업들이 전례 없는 규모의 차입금을 통해 민간 부문의 자산을 사들였고 논란의 여지가 많은 금융 투자에 적극적으로 가담했다. 금융 흐름에 대한 통제는 점점 더 '검은 시장'의 논리를 따르게 되었다. 게다가 기업 활동과 전혀 무관한 부문에 속한 사람들이 금융 부문의 직위를 차지하는 사례가 엄청나게 증가했다.

민간 부문의 주요 기업주들 역시 러시아 상황에 대해 점점 더 심각하게 우려했다. 이러한 면은 기업 활동의 핵심 부위를 꾸준히 해외로 옮기고 되도록 정치적 야심을 드러내지 않고 유명세를 타지 않으려 했던 그들의 태도에 잘 드러나 있다. 언론 기사로도 수없이 보도된 내용이었고, 늦어도 2006년에는 러시아 경제계의 전문가들에게도 잘 알려진 현상이었다.

2008년에는 위기의 모든 선결 조건, 특히 가격 거품이 가시화되었다. 따라서 2008년 8월 수많은 서방 은행들의 상태가 급격하게 악화되자 러시아에서는 자본 도피 현상이 격화되었다. 이어 러시아 금융 부문은 혼란에 빠져들었고 이는 2008~2009년의 경제 위기로 이어졌다.

저개발의 축복

표면적으로 보면, 세계 경기 침체는 러시아에 고통스러운 일격을 가했다. 비슷한 경제 규모를 가진 다른 나라에 비해 경기 침체로 인한 파급력이 더 컸는데, 아마도 제조업 부문의 생산 축소가 가장 심각했을 것이다. 루불이 달러와 유로 대비 40퍼센트 가량 평가 절하되었는데도, 생산 수준이 10퍼센트 이상 감소했다. 심지어 위기 이전 수준의 60퍼센트까지 떨어진 분야도 있었다. 러시아 연방 예산의 절반 이상을 감당하고 있는 석유와 천연 가스의 가격 하락은 불가피하게 정부 투자 및 정부 지출의 급격한 삭감을 요구했다. 민간 부문, 특히 추출 산업과 금속 산업의 투자 계획 역시 미래 가격에 대한 불확실성과 다른 변수 때문에 가혹한 삭감 조치를 피할 수 없었다. 여기에는 차입 자금에 의존한 투자 계획의 수립이 점점 더 어려워지는 상황도 한 몫 했다.

그럼에도 불구하고 위기의 결과는 우려했던 것만큼 심각하지 않았다. 2008년 9월 중순에서 2009년 2월까지의 결정적인 국면이 지난 후, 자본 도피는 비교적 낮은 수준에 고정되었고, 루블화 환율도 안정되었으며, 수입 인플레이션의 시기는 끝이 났다. 소득 증가는 멈추었지만, 실질 소득은 감소하지 않았다. 실업률은 증가했지만, 규모가 크지 않았다. 하나의 산업에 의존해 있고 그래서 경기 침체에 과도한 영향을 받은 몇몇 지역과 도시를 제외하면,

소비자 경기가 급격하게 위축되거나 오랫동안 침체하는 현상이 벌어지지 않았다. 러시아 전체의 소비 수준은 겨우 몇 퍼센트 하락했을 뿐이고, 비교적 값비싼 내구재, 특히 신차의 매출만 30~40 퍼센트 하락했다.

경제학자들이 심각하게 걱정한 제3차 산업은 수요 감소의 첫 번째 물결이 지난 후 새로운 환경에 비교적 쉽게 적응했다. 저가 서비스 부분의 매출 비중이 올라갔고, 제품 범위와 부가 서비스의 합리적 조절을 통해 비용 삭감이 이루어졌다. 이는 3차 산업이 대부분의 전문가 예상보다 은행의 중단기적 대출에 덜 의존했기 때문에 가능한 일이었다. 게다가 2008년 가을은 은행 대출이 갑자기 어려워진 시기였다. 어쨌든 대량 폐점 사태도 없었고 그에 따른 해고 사태도 없었다.

대출을 통해 급속히 팽창한 비교적 소규모의 소매 연쇄점들(주로 이동기기 소매점과 디지털 전자기구 판매점)이 대기업에 인수되었지만, 매출 수준에는 아무 영향이 없었다. 경기 침체에 가장 취약한 초소형 매장이나 대형 무역 센터에 입주한 소형 매장 등은 이미 2008년 이전에 더 역동적인 대형 조직에 의해 무역과 서비스 부문의 변두리 지역으로 밀려난 상태였다. 그 결과 이러한 소형 업주들이 겪은 어려움은 이 부문의 러시아 경제에 별다른 역영향을 미치지 않았다.

가장 극심한 수요 감소를 겪은 건설과 부동산의 상황은 더 극적이었다. 개발업자라는 직업은 본래 새로운 투자자를 신속하게 만날 수 있는 한에서만 부채를 상환할 수 있는 처지다. 그런데 잠재 수익이 높은 자산에 대해서 구매자가 계속 나타났고, 많은 사람들이 예상한 험악한 스캔들이나 파산 사태는 전혀 일어나지 않았다.

역설적으로 보일지 모르지만, 러시아 자본주의의 허약한 체질이 일종의 쿠션처럼 러시아 경제에 대한 금융 위기의 충격을 완화시켰던 것이다(물론 러시아 통화 당국의 신속한 개입도 꽤 긍정적인 역할을 했다).

특히, 러시아의 주식 시장은 기본적으로 장식품 역할만 줄곧 해왔기 때문에, 금융 시장의 엄청난 침체 상태와 증권 가격의 폭락은 대부분의 경제학자와 대다수 대중에게 가볍게 무시되었다. (서구에 비해) 은행 부문이 미성숙한 상태에 있고 러시아 중소기업이 은행 대출에 의존하는 비중이 비교적 낮았던 것이, 신용 위기를 더 쉽게 견딜 수 있도록 한 요인이었다. 러시아 기관투자자들의 포트폴리오 투자 규모가 매우 낮은 수준이었고 그러한 투자자 자체의 수효도 많지 않았기 때문에 어느 정도의 손실 축적은 큰 부담이 되지 않았다. 모기지 시장도 충분히 발전하지 못한 상태였기 때문에 채무자나 은행도 비교적 적은 손실만 입을 수 있었다. 물론 채무자는 달러화 절상 때문에 꽤 어려움을 겪었고(러시아에서는 모기지 대출이 대부분 달러화로 표기되었다), 은행 역시 디폴트 위험의 증가와 대출 담보였던 부동산 가격의 하락에 의해 부정적인 영향을 받았지만 말이다.

러시아 경제의 수출 의존성 역시 위기의 충격을 완화하는 데 도움이 되었다. 물론 상품 가격은 광범위한 영역에서 하락했다. 그러나 소비와 수출의 규모 자체는 거의 감소하지 않았다. 그 결과 생산 규모 역시 별로 축소되지 않았고, 낮은 수출가로 인한 외화 수입의 부진은 의도적인 루블화 절하에 의한 외화 절상 효과로 어느 정도 상쇄되었다. 이 모든 요인을 종합하면, 우리가 언론에서 조업 중단이나 대량 해고에 대한 기사를 많이 볼 수 없었던 이유가 설명된다. 한편, 수입품은 급속도로 시장 점유율이 높아지고 있었지만, 결국 루블화 절하 효과로 수입에 대한 국내 수요는 감소했고 이는 경쟁력이 다소 약한 러시아 제조사들에게 유리하게 작용했다.

마지막으로 러시아 경제 시스템의 결함조차도 위기의 충격을 완화하는 단기적인 완충제 역할을 했다. 예를 들어 부패한 관료가 이번 경제 위기를 온갖 형태로 받아 챙기던 개인적 이권을 조금쯤 포기해야 하는 사소한 말썽 정도로 치부했다면, 정부는 정치적 타성에 물들어 있는 일반 대중의 운명론적인 태도 덕분에 별다른 항의와 사회 불안 없이 이 시기를 넘길 수 있었다.

러시아의 특수성

러시아에서는 경제 위기가 이 책에서 주변부 자본주의로 지칭된 미성숙한 유형의 자본주의를 강타한 셈이었다. 러시아 경제가 받은 충격이 특수할 수밖에 없었던 이유가 여기에 있다. 즉, 러시아는 금융 부문, 특히 은행 부문의 자산 가치 하락보다는 세계 상품 시장의 물가 하락에 더 좌우되는 경제 체제를 갖추고 있는 나라다. 따라서 경기 침체의 구조나 국면, 그에 따른 충격의 범위가 서방 세계와 다를 수밖에 없었다.

미국이나 서유럽과 달리, 금융 부문의 규제 수준이 낮은 것은, 러시아에서는 위기와 별 관련이 없다. 러시아는 금융 서비스 부문보다 소비자 부문과 부동산 부문에서 주로 거품 경제를 겪었다.

서구에서는 문제점이 소비자의 과도한 기대 심리와 관련되었다. 서구의 소비자들은 금융 부채는 증가 추세에 있고 금융 자산은 하락 추세에 있었는데도 더욱 더 많은 소비를 원했다. 그에 비해 러시아에서는 생산자의 과도한 요구가 말썽이었다. 그들은 수요의 한계가 명확히 보이는데도 상품 가격을 줄곧 올리려고만 했던 것이다. 미국과 유럽에서는 국내 수요의 회복만이 대불황을 탈출하는 유일한 방법으로 여겨졌다. 반면 러시아에서는 해외 수요의 회복과 수출 증가만이 주요 대기업이 금융 건전성을 다시 확보하고 성장 정책으로 되돌아갈 수 있는 유일한 길이었다.

그러나 러시아에서도 국내 수요의 성장은 지극히 중요한 요소다. 러시아는 지난 몇 년 동안 축적된 금융 자원을 대규모 주택 건설과 도로 건설에 투입하고 토지를 대량으로 민간 개발업자에게 불하하고 동부 지역의 기간 시설 건설을 서둘러야 했다. 이러한 사업은 경제적으로 사회적으로 정치적으로 무척 중요한 의미를 갖고 있었지만, 당국은 일반 국민의 감시를 받을 수도 있었기 때문에 이러한 주요 국책 사업을 시행하기를 꺼려했다. 현 당국은 차라리 더 안전한 길을 선택했다. 세계 경제가 스스로 침체에서 벗어날 때까지 가만히 기다리면서 서방 세계를 비판하는 선전에만 열을 올렸다.

마지막이 가장 중요한 특성이다. 서방 세계가 직면한 과제는 비즈니스 로비 그룹의 대정부 영향력을 축소하고 정부가 과거의 실패를 딛고 공공 기능을 다시 회복하는 것이다(과거에 비즈니스 로비 그룹은 금융 부문의 이권을 확보하는 로비 활동을 성공적으로 벌인 바 있다). 반면에 러시아는 공공 정부를 창출해야 하는 과제에 직면해 있다. 앞에서 설명했듯이, 러시아에는 공공 정부가 존재한 적이 없다. 푸틴 시대의 초기에도, 옐친 시대의 초기에도, 심지어 로마노프 왕조 치하에도 공공 정부는 없었다. 오늘날 러시아에 존재하는 것은, 국가 핵심부의 행정 관료와 유력 경제 및 정치 집단(이 집단은 권력 피라미드의 최상층과 그 중추 집단을 매개하는 역할을 맡고 있다)의 대변자들 사이에 맺어진 타협의 결과물이다.

따라서 러시아의 경우도 아무리 특이하고 유별나게 보일지라도 핵심적인 경제 문제는 서구와 마찬가지로 경제와 정치 영역을 넘어선 곳에 존재한다. 그것은 정치 지도자와 경제 지도자들의 동기나 원칙에 관련되어 있다. 즉, 재정 정책이나 통화 정책으로 바꿀 수 없는 도덕적 태도와 목표가 문제다. 종국적으로 보면, 자기 억제에 대한 정신적 열망과 동기가 경제 교육이나 실용적 정책보다 더 중요하다. 후자는 외부에서 부과할 수도 있고 편의적인 방편으로 만들어낼 수도 있기 때문이다.

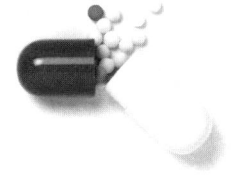

6

경제 위기에서 배우는 교훈
— 도덕성이 생존의 열쇠이다

탈산업 사회의 포스트모던한 환경

이제 러시아 위기에서 시선을 돌려 다시 세계 경제 전반을 살펴볼 생각인데, 지난 20년 동안 선진 세계에 등장한 것은 매우 특이하고 극히 복잡한 상황이라는 느낌을 떨칠 수가 없다. 3장에서 나는 선진국의 주요 기업 활동이 점점 더 블랙박스를 닮아가고 있고 불투명한 기술로 만들어낸 재화나 서비스가 첨단기술을 적용한 혁신적인 제품으로 선전되면서 실질 비용과는 별 관계가 없는 가격으로 팔리고 있다고 지적했다.

이러한 추세는 금융 부문이 급속도로 비대하게 성장한 환경 속에서 지나치게 미화되고 신성시되고 있다. 금융 부문은 경제 자원을 가장 효율적으로 할당한다는 본래의 역할을 뛰어 넘어 아예 독립적인 경제 영역으로 자리를 잡았을 정도다. 금융 부문은 소비자의 욕구와 수요를 스스로 창출할 수 있을뿐더러, 나아가서는 새로운 수요와 새로운 생산물을 만들 수 있는 금융 상품을 내놓아 이러한 욕구와 수요를 만족시키기까지 한다. 파생상품의 사슬은 끊임없이 확장되면서 다양한 금융 상품의 거대한 피라미드를 쌓고 있고 현금 흐름을 증폭시키는 동시에 이 분야에 연루된 지식인들의 범위를 크게 확대하고 있다. 금융 부문에 유리한 방식으로 국내 생산물을 재할당할 수 있는 영역은 점점 더 확대되었고, 이러한 과정은 현재 금융 자본주의로 통칭되는 체제를 낳았다.

게다가 이것은 금융 부문에만 국한된 과정이 아니다. 대체로 선진 경제는 몇몇 사회학자들(가령, 장 보들리야르)이 포스트모더니즘이라는 개념으로 설명한 새로운 단계로 진입하고 있다. 만약 경제 활동을 합리적인 방식으로 소비자의 의식적 욕구를 만족시키는 행위로 이해할 수 있다면, 이 새로운 단계의 경제 활동은 점차 소비자의 주입된 욕망이나 사회적 야심을 만족시키는 종속적인 역할을 담당하게 되었다.

기본 경제 자원(노동력, 자본, 기술)의 생산자와 공급자 사이에, 그리고 생산자와 소비자 사이에 존재하는 연결 고리들, 원래는 가장 합리적이고 (비용 면에서) 가장 효율적인 방식으로 생산자와 소비자를 연결시켰던 고리들에 수없이 많은 고리들이 추가되었다.

논리학, 회계학, 디자인, 광고, 마케팅, 홍보 등 여러 가지 부수적인 분야들이 별개의 독립적인 산업으로 성장하면서, 기존의 비즈니스 분야에서 고객들을 끌어 모으고 있다. 동시에 이러한 신생 산업들은 자신들의 고객들과 더불어 또 다른 비즈니스 서비스(연구 및 컨설팅 회사, 법률 사무소 등)의 고객이 되고 있다.

이러한 새로운 고리들이 추가되고 확장되면서 상황은 점점 더 복잡해지고 정교해졌다. 이에 따라 연결 고리들은 원래의 존재 이유가 점차 흐릿해지거나 완전히 사라졌으며, 독립적인 존립 근거를 새로 확보하기도 했다. 이러한 고리들은 사용자 요구(user requirement)를 충족시키기 위해 생겨난 수단이나 장치보다 (비용 대비 수익 면에서) 훨씬 더 효율적이고 쉬운 돈벌이 방법을 제공했다. 따라서 이러한 고리들은 총비용을 최적화하는 대신 특정 집단과 개인에게 유리한 방식으로 사회의 총수입을 재분배하는 강력한 수단으로 변화해 간 것이다. 결국 이러한 상황은 모든 기업 활동이 진정한 가치, 즉 사회의 번영과 복지에 기여하는 진정한 가치를 산출하는 것은 아니라는 한때는 잊혔던 이론을 되살렸다.(주1)

1980년대에서 1990년대의 경제적 자유주의는 그와 다른 이론에서 비롯했다. 즉, 수익을 산출하는 행위는 무조건 진정한 경제 활동이며 국내 생산의 어엿한 구성 요소가 된다는 이론. 이러한 생각을 논리적 극한까지 밀어 붙이면, 경제 행위자가 어떤 수익을 얻었다면, 그것은 그들이 (혹은 지적 재산을 비롯해 그들이 갖고 있는 재산이) 모종의 서비스를 제공한 것이고 그 서비스의 가치는 수익의 규모에 의해서만 정해지며 서비스의 내용과는 완전히 무관하다는 것을 뜻한다.

만약 우리가 이러한 명제를 받아들이면, 무엇을 생산하고 무엇을 거래해야 하는가라는 문제에 대해 어떤 가치 판단도 내릴 수 없다. 좋음과 나쁨, 효율성과 비효율성, 진실과 거짓을 구별하는 유일한 기준은 오직 수익과 수입의 양이 된다. 이러한 입장—레알에코노믹식 사고방식—은 도덕적 판단이나 가치 평가에 어떤 여지도 남기지 않으며, '현실적인 것은 이성적인 것이다'라는 헤겔의 명제를 되살린 것에 불과하다. 이러한 관점에서는 만약 어떤 행위가 수익과 수입을 산출한다면, 그리고 그것이 합법성의 테두리 안에 머물러 있는 한, 합리적이고 필연적인 것으로 간주되어야 한다.

게다가 우리는 여기서 이익을 산출하는 것은 무엇이든 효과적이고 효율적인 것이며 나아가 도덕적인 것(혹은 도덕적으로 중립적인 것)이라고 생각하고 싶은 유혹도 느낄 수 있다. 이러한 논리가 맞는다면, 소비자를 속이고 소비자의 무능함이나 심리적 약점을 이용하는 기만적인 비즈니스 전술도 비난 받을 이유가 없다. 그것은 "모든 미덕과 봉사는 적절한 보상을 받아야 한다"라는 원리를 "값을 치른 모든 것은 좋은 것이며, 그 가치는 오직 지불한 대가의 크기에 의해 결정된다"는 원리로 대체한 것에 불과하기 때문이다.

이러한 주장을 좀 더 밀고 나가면, 최소한의 비용으로 최대한의 수익을 산출하는 것이야말로 가장 효과적인 경제 운용 방식이다. 그리고 이 주장을 인정하면, 결국 가장 이상적인 기업 활동이란 브랜드 이름이나 (소비자 의식을 살살 건드려서 인위적으로 특정 욕구를 주입할 수 있는) 기술 같은 '지적 재산'으로부터 수익을 산출하는 것이다. 이 경우 '생산자'의 생산 비용은 제로에 가까워질 수 있고 수익은 무한대로 늘어날 수 있다. 이것을 비용 대비 수익으로 따지면, 정말 환상적인 비율에 이르게 된다.

그러나 대부분의 사람들은 이러한 사고방식에 저항한다(물론 이런 방식으로 살아가는 사람은 예외다). 예를 들면, 투자 상담원, 회계 감사관, 신용평가기관 분석가 등 점점 더 새롭고 점점 더 복잡한 금융 상품을 고안하는 사람들과 이러한 상품을 적당한 시장에 판촉하는 마케팅, 광고, 홍보 전문가들, 간단히 말해, 오늘날 대불황을 야기한 주범으로 지목되는 '금융 자본주의'의 모든 영웅들에게 천문학적인 보수와 보너스가 지급되었다는 사실에 대해 일반 대중은 분노했다. 하지만 이른바 '신경제'의 논리와 효율성 개념을 기준으로 하면, 바로 이 사람들이야말로 효율적인 경제 운용의 역할 모델이다. 완전한 허공(無)에서는 아니라 해도 적어도 무나 다름 없는 어떤 것으로부터 엄청난 수익을 창출하고 가장 뛰어난 비용 효율을 달성했기 때문이다.

순전히 경제적인 (혹은 비즈니스적인) 관점에서 보면, '신경제'의 성장이나 신경제에 고용된 사람들이 벌어들이는 막대한 수입에 대한 대중의 부정적인 반응은 어떤 논리를 동원해도 정당화할 수 없다. 따라서 대중의 이러한 반응을 설명할 수 있는 유일한 요인은 도덕적 혐오감이다. 경제 이론에서 뭐라고 말하든, 대부분의 사람들은 합리적으로 설명할 수 있는 인간의 진정한 욕구와, 공격적인 광고와 번지르르한 설득에 의해 강제로 주입된 거짓 욕구 사이에는 분명한 차이가 있다는 것을 본능적으로 알고 있다.

이러한 논리의 전도는 무척 중요한 주제이고 절대 추상적인 문제가 아니다. 만약 식품 제조에서부터 온갖 유형의 서비스 공급—증권 애널리스트나 새로운 손수건 브랜드 개발자—에 이르기까지 모든 돈벌이 방법은 사회와 경제의 번영과 발전에 똑같이 귀중한 활동이라고 생각한다면, 경제 관계에 대한 도덕성의 모든 기여를 근본적으로 부인하는 셈이 된다. 더 정확히 말해, 어떤 생산물의 가치가 오직 그 생산물을 통해 벌어들이는 돈에 의해서만 결정된다면, 우리는 도덕성과 경제 관계의 연관성을 포기해야 한다.

여기서 의심스러운 경제 활동과, 사회의 필수 요구를 만족시키는 경제 활동 및 사회 성원의 지적·정신적 능력을 발전시키는 경제 활동을 동등하게 취급하는 사고방식을 반대한다는 게 어떤 의미를 갖고 있는지 살펴볼 필요가 있다. 이러한 반대에는 순전히 도덕적 의미만 있는 것처럼 보이지만, 장기적으로는 경제적 효율성과도 직접 관련된다. 개인의 행복이나 발전보다 사회의 행복이나 발전에 더 초점을 맞추면, 역사적으로 형성된 도덕심/가치에 위배되는 행위는 효율적일 수도 생산적일 수도 없다는 것을 알게 된다. 인간의 가치란 역사를 통해 공동체의 생존과 성장에 기여하는 도덕규범으로 진화한 것이므로 경제적으로 반생산적일 수가 없는 것이다. 이러한 의미에서 도덕적인 것은 충분히 긴 안목으로 보면 무척 실용적인 것이기도 하다. 도덕성을 장기적 관점의 실용주의라고 해도 좋을 것이다. 따라서 도덕성은 경제적 생산성 및 효율성의 한 가지 요인이 될 수 있다. 나아가서는 사회의 필요에 부응하는 경제, 따라서 더 생산적이고 더 효율적인 경제를 만드는 데 도움을 준다.

그러나 지난 2~30년 동안은 이것과 정반대되는 사고방식, 즉 레알에코노믹식 사고방식이 득세한 시절이었다. 이는 국민경제의 안정성과 온갖 충격에 대한 내성, 그리고 경제 전반의 효율성에 수많은 해악을 끼쳤다.[주2]

의미의 회복

본래 경제는 대가를 치르게 마련이다(정치도 마찬가지다). 그런데 도덕적 기준이 버려지거나 무시되면, 더 큰 대가를 치르게 된다. 경제를 전체적으로 검토하면 알게 되듯이, 기업 활동의 비용 효율은 사회와 기업계에서 도덕 원칙이 얼마나 안정되어 있고 얼마나 효과를 발휘하는가에 달려 있다. 이러한 의존성은 경제 행위자들 간의 신용과 신뢰 기제에 의해 성립되는데, 이러한 신용과 신뢰 기제가 없다면 시장 자본주의 자체가 성립하지 못한다. 그러나 도덕과 경제의 상호 의존성은 이러한 신뢰 기제에만 국한되지 않고 훨씬 더 광범위하고 다양한 특징을 갖고 있다.

따라서 도덕적 제약이 흐려지면, 이번 경제 위기에서 드러났듯이, 공공의 이익과 목표가 위기에 빠지고 지속가능한 경제 성장이 어려워진다. 사람들은 21세기 초의 대불황이 긴 이야기 속의 하나의 삽화에 불과하다는 사실을 알 필요가 있다. 이번 위기는 어떻게 하면 지속가능하고 건강한 경제 성장에 필요한 환경을 만들지 고민하는 계기를 제공했다. 하지만 당분간은 세계가 변했다고, 혹은 일단 경제 위기에서 벗어나면 변하게 될 것이라고 말할 근거가 전혀 없다.

앞의 장들에서 설명한 현대 자본주의의 구조 변화는 몇몇 개인들—이를테면, 금융 사기범 버나드 메이도프나 전 AIG의 금융상품부 사장인 조지프 J. 카사노(Joseph Cassano)—의 사악한 의도에서 나온 것이 아니라 오랜 세월에 걸친 세계 경제 시스템의 진화에 따른 결과이다. 문제는 메이도프나 카사노 같은 부류가 아니다. 이러한 책략꾼들은 언제나 존재했고, 세계 금융 환경이 바뀌더라도 존재할 것이다. 문제는 수백 명의 메이도프와 카사노들을 어떻게 하면 법적 · 도덕적 제약 속에 묶어둘 것인가, 어떻게 하면 야망에 찬 젊은 인재들의 지성과 에너지를 공공선과 지속가능한 번영, 모든 사람에게 공정한 환경이라는 이상적인 목표로 유도할 것인가이다. 메이도프나 AIG, 리먼 브라더스 같은 부류가 아니라 이것이 진정한 문제이다.

하지만 당분간은 세계 경제의 변화 방향을 수정하는 문제에 관해 국제적인 합의가 이루어지지 않을 것이다. 엄밀하게 말하면, 지금 단계에서는 그러한 변화를 꿰뚫고 나아갈 힘이 충분한지, 세계 경제라는 거대한 배를 다른 방향으로 조종하려는 정치적 의지가 있는지가 불확실한 상황이다.

2009년 초에 '금융 자본주의'에 대한 비난이 널리 확산된 것이 전 세계 엘리트 계층의 의식에 심대한 변화가 있었음을 나타내는 징후이기를 바랄 뿐이다. 경제를 규제할 때 도덕 원칙을 무시하거나 경제 활동(및 그 효율성)을 평가할 때 상식이나 공익을 기준으로 삼지 않으면, 언젠가는 경제가 심각한 문제에 봉착하게 된다는 인식이 생겼을 수도 있다. 이 역명제 역시 성립한다. 만약 세계 경제 시스템을 여러 가지 불안 요인에도 휘둘리지 않는 건강한 체제로 바꾸고 싶다면, 경제 활동은 형식적인 양적 요구 뿐 아니라 도덕 규범에서 파생되는 질적 요구도 충족시켜야 한다.

위기가 정점에 오른 시기에 국제 금융 시스템을 개혁해야 한다는 필요성이 진지한 토론 주제로 떠올랐지만, 이것은 경제 시스템에 요구되는 변화의 한 가지 요소—그것도 기술적인 요소—일 뿐이다. IMF나 세계은행의 의사결정 과정은 아마도 바뀔 것이다. 그리고 국제 금융기관들의 역량과 책임도 어느 정도 확대될 것이다. 국제 준비 통화인 미국 달러화의 역할 역시 특별인출권(SDR) 같은 국제금융수단을 보조하는 정도로 축소될지 모른다. 하지만 이것은 모두 개별적인 사례일 뿐이다.

대불황에서 얻은 가장 중요한 교훈, 즉 국가 금융감독기관의 역할을 강화해야 할 필요성이 더 근본적인 과제이고 훨씬 더 힘겨운 노력을 필요로 한다. 그리고 금융 부문의 안정적인 기능에 더 커다란 영향을 미칠 수 있다. 그런데 내가 보기에는 이 과제조차도 단지 기존의 양적 리스크 기준을 더 강화하거나 금융 감독을 더 신중하게 실시하는 정도로 그친다면, 하나의 특수한 사례에 머물 것이다. 금융 거래의 통제나 금융 상품의 수준에 대해 새로운 지침을 마련한다고 해도, 사회 전반의 도덕성이 그대로 머물러 있거나 오히려 추락하면, 별다른 효과가 없을 것이다. 정부의 규제 담당 관료들이 양심적으로 임무를 수행할 것이라고 가정할 이유가 없기 때문이다. 러시아의 작가 알렉산더 그리보예도프(Alexander Griboyedov, 1795~1829)가 말한 것처럼, "누가 그들을 심판할 것인가?"(주3) 오늘날의 정부와 관료 집단에 대해서도 이 질문은 유효하다.

행정 명령으로 도덕성을 경제에 도입해서는 안 되지만, 사람들은 도덕성이 모든 경제 활동에 필수적인 요소임을 깨달아야 한다. 경제와 정치 분야에서 도덕성의 입지를 세우는 어떤 특별 규정을 마련한다는 것은 불가능한 일이다. 그러나 도덕성이 필요하다는 의식이 널리 확산되면, 도를 넘는 행위를 용인하는 분위기가 사라지고 사회 전반의 분위기가 서서히 바뀔 것이다. 중요한 결정이든 사소한 결정이든, 법이 관련돼 있든 아니든, 담당자들이 어떤 결정을 받아들일 때는 경제와 정치에는 도덕성이 필요하다는 사실, 도덕성이야말로 효율성의 근간이라는 사실을 언제나 진지하게 고려해야 한다.

다시 말해서, 미래의 위기를 피하기 위해서는 (리스크 수준을 반영하는) 양적 규범의 준수 여부만 감시하는 것에 그쳐서는 안 된다. 손쉽게 돈을 벌 가능성이 보이면 인간의 상상력은 언제나 형식적 제약을 우회하는 길을 찾아낸다. 행동의 실체에 대해 더 엄격한 요구 조건을 부과할 때, 우리가 모두 도덕적 기준에 입각해서 행동할 때, 그래서 의심스러운 행위가 금융 영역에 나타나지 않을 때에만, 도덕적 퇴보를 막을 수 있다.

당연히 이러한 입장은 강력한 반대 의견에 부딪힐 것이다. 이데올로기적인 이유 등이 거론되겠지만, 대개는 어떤 형태의 규제도 최소화하거나 없애고 싶어 하는 이 분야에 고용된 수많은 사람들의 이해관계가 걸려 있기 때문이다. 여기서 당국은 책임 있는 선택을 해야 한다. 경제 시스템을 뒤흔들 수 있는 경제 행위를 규제하거나 공공의 이익을 거스르는 시스템이 다시 한 번 이번 금융 위기와 같은 충격을 가할 때까지 기다리거나.

공공의 이익과 공공의 위협

원칙적으로 이러한 선택은 개별 국가의 판단에 맡길 수도 있다. 각각의 나라는 고유한 역사와 경험, 가치 체계를 갖고 있기 때문이다. 하지만 여기에는 단서가 있다. 즉, 자원 활용이나 경제 활동 면에서, 그리고 (국제 관계의 역할이 점점 더 커지는 데서 보듯) 정치 영역에서도 세계화를 통해 세계가 급속히 연결되지 않았다면, 개별 국가의 판단에 맡겨도 되었을 것이다.

이것은 실천적으로 어떤 의미를 갖고 있을까? 첫째, 선진국 정부들의 판단이 초래하는 결과와 비용은 기하급수적으로 증가하고 있다. 따라서 잘못된 결정의 결과, 실수 비용, 정부와 지도자들의 책임이 무척 중요하다. 경제와 정치의 상호 의존성이란 이처럼 정부의 행위가 국제 상황에 미치는 영향이 100년 전, 50년 전, 아니 20년 전보다 훨씬 커졌다는 것을 뜻한다.

그 결과, 국제 정치의 참가국 모두에게 합리적인 정책을 실시해야 할 책임이 엄청나게 커졌다. 주요 정치인에게 요구되는 지성과 도덕성의 기준도 급격히 올라갔다. 하지만 안타깝게도 오늘날의 정치인 세대는 이러한 기준을 만족시킬 역량이 없다.

이제 지난 30년 동안 국제 정치가 어떻게 변해 왔는지 살펴보자. 대외 정책은 언제나 실용주의를 우선시했고, 정부들은 언제나 이상이나 원칙보다 국익을 앞세웠다. 이상과 원칙에 입각한 어떤 의

견도 정책을 좌우한 적이 없을 정도다. 하지만 1950년대에서 1980년대까지의 비교적 짧은 기간에는 노골적인 단기 이익이 아니라 어떤 원칙에 입각한 국제 질서를 향해 세계가 한 걸음 한 걸음 나아갈 수 있다고, 가끔은 뒤로 후퇴할지언정 조금씩이라도 앞으로 나아갈 수 있다고 많은 사람들이 믿었다.

국제 정치에서 국제법은 점점 더 부각되었다. 거의 모든 나라들이, 비록 형식적일 뿐이지만, 혹은 어쩔 수 없이 치러야 하는 통과 의례로 여겼더라도, 어쨌든 기꺼이 국제법을 준수하려 했다. 또한 선진국들은 세계의 수치스러운 사회·경제적 간격을 해소하기 위해 명예롭게 노력해야 한다는 합의도 이루어졌다. 그리고 비록 인식의 변화는 더디게 이루어졌지만, 결국 인권이 가장 높은 가치로 여겨지게 되었다.(주4) 지도자들은 이 가치가 수많은 갈등 해소에 효과를 발휘한다는 것을 인식했다.

그러나 지난 20년 동안 이러한 성과와 이 성과의 바탕에 있는 원칙은 레알에코노믹의 교리가 득세하게 되면서 뿌리째 흔들리게 되었다. 특히 미국이 가장 심하게 동요했다. 냉전 승리를 후쿠야마식 '역사의 종말'로 포장한 해석이 풍미했고, 미국 엘리트 계층은 국제 사회의 성장과 진보는 반드시 미국의 이익과 일치해야 한다고 주장했다. 제2의 '초강대국'이 부재한다는 사실 때문인지 일부 미국 지도자들은 동맹국이나 원칙에 충실한 중립국과의 공조를 불필요한 일로 여겼다.

냉전 시대 미국의 행동은 러시아에서는 완전히 다르게 인식되었다. 소련 엘리트 계층의 공식 대변자들은 세계의 자유와 민주주의, 인권을 보호한다는 미국의 공언을 허망한 위선으로 치부했다. 미국 지도자들은 대결 논리와 국제 정세에 입각해서 인권 보호의 원칙에 위배되는 많은 행위들에 눈을 감았다. 미국 정책을 옹호하는 사람들은 그 정책이 구현하고 있는 사상적 철저함이 몇몇 개별적인 원칙 위반보다 훨씬 중요한 것이라고 주장했다. 그러나 위선은 은밀한 책략가이기도 하다. 오랫동안 가면을 쓰고 있으면 가면이 결국 얼굴에 달라붙는다. 표면상으로만, 혹은 강압 상태에서라도 어떤 원칙을 오랫동안 고수하면, 어느 단계에서 그 원칙은 새로운 세대가 의심 없이 받아들이는 하나의 규범이 된다. 따라서 이 문제에 대한 여러 회의적인 주장과 상관없이, 1950년대에서 1980년대까지 국제 정치에서 지속적인 대화—원칙을 지키겠다는 공적인 약속—가 이루어진 것은, 더 예측가능하고 더 안전한 세상, 심지어 더 도덕적인 세상을 만드는 데 기여했다.

미국은 보편적 원칙이라는 이념에서 물러나는 대신 국제 정치의 구원자적 역할을 자처하게 되었는데("우리는 세계에 자유를 가져온다"는 공식에서 강조점이 '자유'에서 '우리'로 바뀌었다), 이는 국제 정치상의 심각한 퇴행 요소였다. 지난 20년 동안 미국은 국제법이 부과하는 규범이나 제약, 의무에 대해 점점 더 오만한 태도를 보였다. 제2차 세계대전 이후 국제 갈등과 인종 충돌을 막는 데 기여한 국경 불가침이라는 원칙이 자의적이고 선택적인 적용에 의해 마모되었다. 우리는 또한 국제 평화 유지 작전의 공조 원칙, '인도주의적 개입' 이전에 유엔의 재가를 받아야 한다는 원칙, 인종 청소나 분리 정책 같은 일방적 행위는 국제 승인을 거부해야 한다는 원칙 등 여러 가지 근본적 원칙이 가볍게 무시되는 심각한 상황을 목도했다.

미국은 냉전의 압도적 승리라는 인식 하에서 제2차 세계대전 이후에 생겨난 세계 질서의 원칙들을 점차 부정하게 되었다. 게다가 핵을 보유한 두 초강대국의 무력 충돌의 위협이 사라지자 국제 관계의 미묘함과 복잡함을 고려하지 않았다. 어떻게든 전쟁을 하지 말아야 할 적이 사라지자, 자기 억제의 이유 또한 사라진 것이다. 얄타 체제의 국제 관계를 거부한 것은, 냉전식 진영 논리를 폐기하려는 욕망이 아니라 미국의 영향력 확대를 제한하는 모든 제약을 철폐하려는 욕망에서 나온 것이었다.

대내외적으로 공표한 미국 대외 정책의 초점은 자유와 민주주의와 인권의 보호였다. 그러나 사실 "전 세계에 민주주의를 전파한다"는 명분은 경제적 이익에 완전히 속박된 자의적인 명분에 지나지 않았다. 그래서 거의 모든 외부인들은 이 명제를 기회와 정당성이라는 두 마리 토끼를 잡으려는 시도로 해석했다. 이것이 바로 레알에코노믹의 근저에 있는 생각이다.

이데올로기는 여전히 미국의 대외 정책에서 특별한 역할을 담당했다. 하지만, 이데올로기 자체가 적절한 세계 질서에 대한 미국의 구상으로 축소되었기 때문에 이데올로기의 긍정적인 역할은 거의 사라진 반면, 현실의 지정학적 계산에는 상당한 혼란이 야기되었다.

결과적으로 냉전의 종식은 우리 모두 불쾌한 역설에 직면하게 되었음을 뜻했다. '승자'는 세계 유일의 정치적·군사적 중심지라는 자부심을 키우며 정치적 '전리품'을 모두 챙길 수 있었다. 이에 비해 '패자'는 더 이상 심각한 위협이 되지 못하므로 '승자'로서는 패자의 변화 과정에 참여할 생각이 없고 자금을 대고 싶은 마음도 없다는 이야기를 들었다. 더 이상 위협적인 강국이 아니라 원시적인 신화와 풍문으로만 설명되는 구소련에 대해서는 잊어버리는 게 당연하다는 식이었다. 러시아발 뉴스는 어느 원시 부락에서 보낸 엽서처럼 취급받았다. 고르바초프는 무력 사용을 포기하고 소련을 민주화하라는 요구를 받았고 지체 없이 이 요구에 따랐다. 그리고 그것은 세계 질서의 발전에 대한 고르바초프 자신의 생각에도 부합하는 일이었다.

옐친은 체첸 전쟁 시기에도 이런 요구를 받지 않았다. 대신 서방은 옐친과 다음과 같은 거래를 하고 있었다. "당신은 소련의 발전상에 대해 우리를 속이고 있다. 하지만 우리는 상관하지 않겠다. 그 대신 우리는 다른 모든 국제 문제에 대해서 당신의 의견을 무시하겠다." 물론 옐친은 (그리고 그 이후의 푸틴과 메드베데프도) 초강대국의 지도자로 존중받았다. 그러나 그는 아무도 러시아나 러시아의 이웃을 서방의 가까운 친구로 여기지 않는다는 사실을 이해해야 했다. 금융 지원은 논의 대상조차 되지 않았고, 낡고 진부한 정치적 의제는 그대로 살아남았다. 미국은 자국에게 유리하다고 판단되는 맥락에서는 냉전이 끝났다고 선언했다. 그러나 다른 맥락에서는 냉전이 여전히 진행 중이었다. 비록 맹아적인 형태로 관성에 의해 지속되는 경향은 있었지만 말이다. 이러한 갈지자 행보에서는 어떤 건설적인 방안도 나올 수 없었다. 그리고 미하일 고르바초프와 조지 부시가 냉전은 끝났다고 선언한 지 20년도 지난 지금, 양국 관계는 교착 상태에 빠졌다. 명확한 것은 아무것도 없고 항구적인 위기감은 그대로 남아 있다.

미국의 대외 정책에서 중요한 가치였던 요소는 거의 훼손되었다. 더욱이 2001년의 9.11 테러 사건 역시 비슷한 충격을 가했다. 정체불명의 초국적 테러 집단의 등장은, 주권 개념뿐만 아니라 국제 행동의 제약 사항에 관한 쟁점을 한층 복잡하게 만들었다. '테러와의 전쟁'은 영역이 불분명한 전장에서 벌어진 전쟁이었고, 행동의 허용 기준이나 긴급성에 대한 미국의 해석에 따라 미국 스스로가 정한 규칙과 제약 조건이 적용되었다. 사상 처음으로 워싱턴 조약의 제5조(집단 방위 조항)를 발동한 나토(NATO) 내에서도 정당한 절차가 지켜지지 않았다. 미국은 (스스로 적절하다고 판단한) 일부 동맹국을 가담시켜 독립적으로 행동하기로 결정했다. 이라크에 대한 대규모 공격—이 공격은 어떤 근거 자료도 없이, 국제법상 재가도 받지 못한 채 감행되었다—은 이와 같은 독불장군식 태도에서 시작되었다. 테러 행위 혐의자들에 대한 초법적 감금, 유고슬라비아의 독립 지역과 구공화국들의 운명에 대한 강압적 결정, 구소련 지역까지 나토의 관할 구역을 확대하는 문제 등도 동일한 접근 방식으로 추진된 사례였다.

유럽연합의 확대처럼 외견상 미국이 관여할 문제가 아닌 경우에도 미국이 개입한 흔적을 볼 수 있다. 물론 중부 유럽과 남부 유럽의 여러 나라들을 신속하게 유럽연합에 가입시킨다는 정치적 결정에 대해 다른 대안이 없었을지도 모른다. 하지만 이 계획은 중요한 정치적·철학적 함의에 대한 고려 없이 너무 피상적으로 시행되었다. 유럽연합의 확대는 순전히 기술적인 쟁점으로 다뤄졌고 다음과 같은 질문은 회피되었다. "정치·경제적으로 통합된 유럽이란 무슨 뜻인가? 그리고 그 경계는 어디까지인가?" 동일한 나라들을 동시에 나토에도 가입시켰다는 것은 유럽연합의 확대가 얼마나 단순하고 형식적으로 진행되었는지 보여주는데, 이 과정을 지켜본 외부인들로서는 두 개의 모험적인 결정에 도사린 정치적 연관성과 미국의 은밀하면서도 결정적인 개입을 감지하지 않을 도리가 없었다. 프랑스와 독일의 지도자들이 그렇지 않다는 것을 입증하기 위해 교묘한 정책을 고안해야 했을 정도다.

유럽연합의 급격한 팽창은 신생 가입국에게 귀중한 혜택을 주었다. 그러나 유럽 통합의 '단순한 구조'는 (조바심을 내며 서방 국가들의 바로 이런 움직임을 기다려 왔던) 가장 문명화된 이웃에 대한 서유럽의 과감한 행보를 뜻하는 것일뿐더러 오랫동안 지켜졌던 근본적인 원칙의 포기를 뜻하는 것이기도 했다. 한편, 이러한 확대 정책이 순전히 기술적으로 실시된 것은, 유럽 통일이라는 거대한 실험의 전략적 미래에 대해 의구심을 자아냈다. 도대체 유럽의 지도자들은 어떤 생각에서 유럽연합의 즉각적인 확대가 가입국들의 근본적인 행정개혁과 양립할 수 있다고 가정했던 것일까? 정치인들과 달리, 일반 시민들은 유럽연합의 확대에 불만을 표시할 것이고 사회 내에 고립주의와 '유로화 회의주의'가 널리 번질 것임이 분명했기 때문이다.

모든 유럽연합 가입국의 공조 하에서 국민 국가의 일부 기능들을 초국가적인 조직으로 성실하게, 서서히, 성공적으로 이전하는 작업은, 명확한 법적 기준과 '유럽적 가치'에 걸맞은 방식으로 시행되었지만, 원래의 목표는 이루어지지 않았다. 확대 정책은 오히려 하나의 부산물을 낳았다. 서유럽의 경제 활동과 행정 관리의 효율성을 높이기 위해 도입된 정치경제적 통합이 세계를 새로운 경계에 따라 분할하고 이른바 문명의 차이에 기초한 블록을 만드는 도구로 변질된 것이다. 사실 유럽연합의 이러한 변화는 유럽의 공통 가치에 양가적인 영향을 미쳤으니, 그것을 강화하기도 하고 무너뜨리기도 했다.

유럽 공동체에는 오랜 역사를 통해 성실하게 여론의 합의를 구하는 전문적인 메커니즘이 정착해 있지만, 자국의 특수 이익을 적극적으로 옹호하는 몇몇 나라들에 의해 훼손되었다. 의사결정의 질적 수준이 저하된 것이다. 다른 한편, 실질적 방안보다 관료적 개입의 흔적만이 두드러진 여러 기관들의 오만한 계획들도 유럽 연합의 의사결정 수준을 하락시키는 데 기여했다.

의도적이든 아니든, '문명'에 가장 가까이 존재하는 적, 낡은 유럽과 새로운 유럽의 통일을 위협하는 세력으로 설정된 러시아 엘리트 집단에게는 분명한 메시지가 전달되었다. 러시아 엘리트 집단과 서구 정치인들이 서로 말이 통하는 사이일 가능성이 아무리 없다 할지언정, 뚜렷한 정치적 논리 없이 러시아와 나머지 유럽 사이에 군사·정치적 장벽, 그리고 경제적 장벽을 세운 것은, 러시아의 긍정적인 발전에도 국제 관계의 안정에도 도움이 되지 않았다. 오히려 양자 사이에 쌓이는 불만과 의심은, 정치 및 경제 발전을 더디게 만들 뿐이다. 불행한 일이지만, 이 세상에 살면서 나머지 세계와는 절연된 채 혼자서 '천상의 부'를 쌓는 것은 불가능하다는 기독교적 원리가 파벌과 음모와 연합이라는 영원한 책략에 굴복하고 만 것이었다.

지금은 생각할 때다

그러나 가장 안타까운 측면은 다른 데 있다. 내가 언급한 모든 병폐는 세계의 모든 사회에 존재한다. 만약 21세기 탈산업 사회의 세계화 시대에 국제 관계를 비롯한 모든 정치 분야가 도덕 원칙과 가치를 저버린 것이라면, 세계 경제는 언제나 아무 증상도 보이지 않은 채 위기를 향해 움직일 것이다. 주기적으로 위기는 발생할 것이고 어쩌면 더 파괴적인 결과를 낳을 것이다.

나는 이미 러시아 사회를 지배하는 도착적인 경향—시민 사회와 국가법과 사회 질서의 허약함, 경제 행위를 지배하는 무형의 규칙, 러시아 사회의 특수성에 대한 순진한 믿음, 그리고 이러한 러시아적 특수성을 무시하는 나머지 세계에 대한 분노—을 설명한 바 있다. 물론 이 모든 요소는 사회 질서의 근간을 뒤흔든다.

그러나 우리는 이제 전통적으로 민주주의의 모범으로 간주된 사회에서도 사회·도덕적 진보를 가로막는 경향이 뚜렷이 부각되는 것을 볼 수 있다. 여기서 나는 선정적인 언론이 흔히 제기하는 문제를 언급하는 게 아니다. 테러리즘이나 온갖 '국가의 적들'과의 성공적인 싸움을 위해 시민권과 자유를 포기하겠다는 열의가 점차 증가하는 현상, 경제적 곤란이 가중되는 시기에 늘어나는 이민자의 모습 때문에 외국인 혐오증이 더욱 심화되는 현상이 그런 선정적인 주제들이다. 내가 훨씬 더 관심을 쏟는 주제는 앞에서 설명한 정치적·경제적 포스트모더니즘의 은근한 팽창이다. 대중들은 더 이상 정치와 경제에서 의미를 찾지 않고, 가상적인 '신경제'가 풍부하게 제공하는 점점 더 새로워지는 인공물에 탐닉할 뿐이다. 오늘날의 유럽과 미국은 외부의 압력에 대항하여 자신들의 이익과 이상을 지키려는 필사적인 노력을 통해 발전해 왔다(이것은 물론 독립적으로 다뤄져야 하는 주제이다). 한편으로는 현실에 대한 섬세한 인식과 이성에 기초하고 다른 한편으로는 명예와 존엄, 도덕성의 개념에 대한 오랜 이해에 바탕을 둔 이러한 노력이 가장 훌륭한 형태의 유럽 문명을 창조한 원동력이었다. 이러한 개념들이 대중의 의식에서 지워질 때, 대중이 주입된 욕구와 브랜드와 상징물의 가상 세계에 탐닉할 때, 우리가 돈의 출처와 일부 사람들이 막대한 수익을 얻는 방식에 대해 묻기를 꺼려할 때, 그 문명은 위기에 빠진다. 정치인과 경제인은 하늘에서 뚝 떨어진 사람들이 아니다. 그들 역시 대중과 똑같은 생각과 심리, 편견을 가진 '평범한 사람들'이다. 대중의 의식이 타락하면, 결국 정치와 경제도 타락하고, 사회는 부패하고 진보의 가능성은 사라질 것이다.

하지만 이것은 다른 이야기이다. 대안과 흔들림 없는 신념과 희망을 찾는 것이 다른 이야기이듯.

결론

　이 책을 쓰겠다는 생각은 금융 위기가 막 시작될 즈음에 떠올랐다. 그리고 그 위기가 21세기 초의 대불황으로 번지는 시기에 주로 집필을 했다. 하지만 이번 위기 자체는 최근 몇십 년 동안의 추세를 일반화하는 데 유용하게 참고했을 뿐이다. 나는 지난 20년 동안의 사건들을 중심으로 도덕성이 (혹은 도덕성의 무시가) 어떤 역할을 했는지 정리하려고 노력했다.

　내가 책을 쓰기 시작한 이후에 세계 시장이나 투자자의 분위기에 어떤 변화가 생겼을 수도 있지만, 이 책의 요지가 부적절해지거나 시대에 뒤진 것이 될 수는 없다. 물론 내 생각이 틀렸다면, 그리고 경제 상황이 내가 기대한 것과 완전히 다른 방향으로 전개되고 있다면, 나는 시간을 낭비한 셈일 것이다. 하지만 내 생각이 옳다면, 지금부터 1년, 아니 몇 년 후에도 여전히 옳을 것이다.

2008년 금융 시장이 극적으로 돌변한 이후에 벌어진 사태들은 이 책에서 설명한 여러 구상들을 배태한 온상이었다. 사실 그 이후의 재정 정책이나 통화 정책은 금융 시장의 격동이 가져올 부정적인 영향을 상당 부분 중화시켰고 적어도 당분간은 더 깊은 장기 침체로 이어지는 것을 막을 수 있었다. 추가적인 유동성 공급과 수조 달러에 이르는 구제 금융, 그리고 경기 진작 프로그램은 수요를 자극해서 세계 경제에 최악의 시나리오가 전개되는 것을 막을 수 있었다.

그런데 금융 규제 시스템을 개혁하자는 논의가 널리 확산되고 또 그 필요성도 널리 인정됐지만, 어찌된 일인지 실제로 개혁이 이루어지지는 않았다. 간헐적으로 규제를 강화하려는 시도는 있었다. 미국 의회에서 금융 부문의 개혁을 목표로 한 법안이 통과되기도 했지만, 아직까지는 위기 이전과 별로 달라진 것이 없다. 정말로 중요한 조처는 아무것도 취해지지 없었다.

금융 부문의 전반적인 상황 역시 크게 변하지 않았다. 사람들을 현혹하는 무익한 짓을 한다고 널리 비난받았던 신용 평가 시스템도 그대로 남아 있고, 이미 많은 돈을 잃게 한 '금융 전문가'의 조언을 맹목적으로 추종한 기관투자자들도 그대로 남아 있다. 지금이야말로 증권 시장에서 막대한 돈을 벌 수 있는 기회를 잡을 때라고 떠드는 목소리도 여전히 들리고 있다. 모두 똑같은 인간, 똑같은 방법, 똑같은 전략이다. 차이점이라곤 최악의 시기는 넘겼고 이제는 비교적 안정된 번영의 시기로 접어들었다는 일반적인 (특별한 근거도 없는) 믿음뿐이다.

다음은 유럽부흥개발은행(EBRD) 전 총재 자크 아탈리(Jacques Attali)가 2010년 5월에 한 말이다.

> 지난 2년 동안 우리는 아무 일도 하지 않았다. … 우리는 G-20 국가에게 립서비스만 하고 있다. 그들 역시 아무것도 하지 않았다. 이러저러한 것이 문제라고 말은 한다. 하지만 두려움 때문에 아주 작은 결정도 내리지 못한다. 그러니 아무것도 될 리가 없다. 악순환이다. … 은행들은 예전처럼 계속 투기하고, 국제 금융의 손아귀에 송두리째 붙잡혀 있는 시스템에는 **아무런**, 정말 **아무런** 변화도 일어나지 않았다.[주1]

아탈리가 과장하고 있는 것이라 해도, 그 과장은 미미한 수준이다. 그리고 그의 말이 옳다면, 앞으로 몇 년 동안 근본적인 변화가 생길 것이라고 기대할 수 없다. 정직, 개방성, 사회적 책임, 자기억제, 공정한 경쟁 같은 가치에 기초해서 사회 전반의 도덕적 태도를 바꾸고 현대 자본주의('금융 자본주의')를 뿌리째 개혁하자는 요구는 아무 메아리 없이 사라졌다. 앞으로 공적 통제의 확대, 투기적 금융 거래에 대한 엄격한 규제, 의심스러운 상품의 공격적 마케팅에 대한 금지 등에 기초한 근본적인 변화를 볼 것 같지도 않다. 오히려 정치 지도자와 경제 지도자들은, 경제 상황이 위기 이전과 똑같은 의미에서의 '정상' 상태를 회복했다는 전제 하에서 행동하고 있다.

이러한 상황을 고려해서 나는 과감하게 미래를 예측해 보겠다. 세계 경제는 다시는 2008년 상반기와 동일한 상황이 되지 않을 것이다. 금융 시장의 호황을 뒷받침했던 소비자 수요의 높은 수준(중산층 소비자의 열기로 지탱되었던)은 다시 회복되지 않을 것이다. 투기와 지대추구 행위는 여전히 만연하겠지만, 우리가 대불황 이전에 목격했던 역동적으로 뜨겁게 팽창하던 금융 흐름을 이끌어낼 수준까지는 이르지 못할 것이다.

그러나 서방 세계의 당국과 지식인들은 새로운 현실을 단번에 파악해서 새로운 성장 동력을 창출하지 못한 채 그저 낡은 경제 정책을 답습하려 하고 있을 뿐이다. 게다가 레알에코노믹식 사고 방식의 비도덕적 교리에 휘둘려 오판을 반복할 것이다. 교육과 경영, 경제적 사고가 근본적으로 달라질 것이라고 기대할 수는 없다. 많은 사람들이 낡은 방식은 더 이상 통하지 않는다고 생각하고 있음에도 불구하고 그런 기대는 비현실적이다. 한동안 사태를 그대로 지켜보는 것만이 문제의 심각성을 덜 느끼는 방법일지도 모른다. 하지만 이러한 관성적인 태도는 결국 십여 년 후의 심각한 정치적 위기로 이어질 것이다. 장기적인 경제 부진은 정치 제도와 권력의 균형 상태를 위기로 몰아넣을 것이다.

국제 관계에도 별다른 긍정적인 변화가 일어나지 않았다. 외교에서는 윤리 원칙을 무시하는 경향, 고상한 목표와 도덕적 의무에 따라 대외 정책을 수립하기를 바라는 대중의 여론을 무시하는 경향이 지속되고 있다. 세계 언론의 집중적인 관심을 받는 주요 국제 분쟁은 점점 더 원칙이 아니라 이익을 둘러싼 갈등이 되고 있다. 이러한 경향이 조만간 역전될 가능성은 없어 보인다. 낡은 갈등을 해결하려는 야심만만한 시도들은 모두 가시적인 성과를 내는 데 실패했다. 새로운 미국 정부가 대외 정책을 바꿀 것이라는 희망도 회의적인 시각으로 바뀌고 있다. 유로존의 재정 위기 상황에서 볼 수 있듯, 공통의 가치에 기반을 둔 국제 연대는 강력한 협력 활동을 이끌어낼 만큼 견고하지 못하다.

세계 전체, 그리고 그 일부인 서방 세계는 정치 지도자들의 나태와 무위 때문에 커다란 대가를 치를 것이다. 이러한 수동적인 태도는, 금융 위기에서 보았듯이, 해가 갈수록 더 높은 대가를 치르게 할 것이다.[주2] 금융 위기는 결국 세계 자본주의의 운명에서 하나의 작은 에피소드에 불과하다. 금융 부문의 안정성보다 훨씬 더 심각한 문제가 임박해 있다.

20세기 서구의 현대 자본주의는 새로운 기술이나 산업 혁신보다는 특정한 가치 체계와 행위 규범, 이른바 자본주의 윤리에서 발전한 것이다. 새로운 기술이나 혁신은 자본주의의 추진력이라기보다는 자본주의의 산물이다. 나는 자본주의 시장 경제의 토대를 이루고 시장 경제의 원활한 기능을 뒷받침하는 가장 중요한 요소는 생산 기술이 아니라 신뢰라고 주장했다. '포스트모더니즘'의 발전 논리는 온갖 유형의 '혁신'을 장려한다. 그것은 비용 대비 수익으로만 이해되는 효율성은 높일지 모른다. 그러나 구성원 간의 신뢰를 훼손하고 경제 체제의 투명성을 약화시켜 이해할 수 없고 무책임한 경제 시스템을 만드는 데 기여할 것이다. '신경제'의 이점이 무엇이든, 그것이 신경제의 해악을 상회할 리는 없다. 시스템의 근간, 즉 신뢰를 무너뜨리기 때문이다. 그리고 신뢰는 공공 도덕에 의존하는 요소다. 따라서 생산, 교환, 저축, 투자와 같은 모든 기본적인 경제 활동을 가능하게 하는 것은 궁극적으로 도덕성이다.

경제 시스템에서 윤리적 제약을 없애면, 시스템은 타락하고 결국 완전히 무너지게 된다. 기술 혁신에 이어 비도덕적 행위가 만연하게 되면, 시스템은 당연히 붕괴한다. 인간의 마음을 좌지우지하는 능력을 소유한 대기업들이 인간의 욕망과 태도를 변화시켜 자사 제품의 이상적인 소비자를 양산할 때, 그들은 자본주의에서 그 핵심 요소를 제거하고 자본주의적 활력과 사회적 효율성의 원천을 파괴하는 것이다. 생산성이나 효율성, 공정 경쟁 같은 시장 경제의 핵심 개념을 송두리째(내용과 형식 모두) 수정함으로써 자본주의의 타락을 유도하고 있다.

이러한 타락은 경제 시스템에만 국한된 것이 아니다. 20세기의 가장 위대한 성취 가운데 하나로 꼽히는 다원주의와 경쟁에 기반을 둔 정치 시스템 역시 통렬한 타격을 입었다. 소비자 행동을 통제하는 지적 조작을 정당화하게 되면, 정치·사회적 욕망이나 선호도마저 공격적인 조작의 대상으로 전락할 수밖에 없다. 이것은 결국 20세기 자유주의 지식인의 전통에서 이해되는 의미의 민주주의가 종말에 이르렀음을 뜻한다. 실제로 우리는 비통한 상황을 목격하고 있다. 서구 민주주의는 제3세계의 최악의 권위주의 체제와 격렬한 싸움을 벌이고 있는 동시에 자국 내에서는 은밀한 권위주의 체제, 혹은 '부드러운' 권위주의 체제를 만들어내고 있다. 이것은 정치적 자유의 폭력적 억압을 사회적 행동의 엄격한 통제로 대체한 체제이다.

다른 한편, 더 높은 기준에 대한 시민들의 요구만이 정치의 방향과 기준을 잡는 유일한 요인이지만, 그런 시민들 역시 점점 더 무관심한 태도로 일관하고 있다. 대형 시위 등을 조직하는 열렬한 활동가들을 제외하면, 대중의 정치 행동은 두드러지게 감소했다.

20세기 후반과 21세기 초엽에 세계 정치에 불어닥친 위기는 많은 사람들이 '세계 인권 선언'에 포함된 인도주의적 가치들에서 이탈한 데서 연유했다. 정치에서 냉소주의와 위선이 만연했고 인도주의적 전통에서 유래하는 원칙과 가치들이 포기되었다. 이는 세계 질서의 근간을 뒤흔들고 위기 방지와 갈등 해소에 무능한 세계를 만들었다.

서구 사회와 그 정치 지도자들이 자본주의 체제의 더 깊은 추락을 막고 상황을 개선시키고 싶다면, 책임 의식을 갖고 단호한 정치적 의지를 보여야 한다. 그리고 윤리 원칙에 입각한 정책만이 장기적인 관점에서는 가장 실용적인 방안임을 깨달아야 한다. 이러한 과제를 달성하는 것은 무척 힘겨운 일이다. 다음 5년 동안은 자본주의 경제가 지난 30년 동안 우리가 목격했던 것보다 훨씬 더 엄격한 시험을 받는 시기가 될 것이다. 그러나 전문적인 지식과 결합한 윤리 정책은 냉소주의를 물리치고 서구 문명의 가치를 경제 및 사회 발전의 원동력으로 되살릴 수 있을 것이다. 그것이 바로 가장 훌륭하고 가장 안전한 미래 투자이다.

감사의 글

이 책은 조너선 브렌트가 2008년에 예일 대학교 출판부를 대신해서 내게 이 책을 의뢰하면서 쓰게 되었다. 그는 금융 위기에 관해 나와 대화한 후에 이 책을 쓰라고 나를 설득했다. 조너선은 매 단계마다 내 곁에서 조언을 아끼지 않았고 그의 조언은 언제나 소중했다.

여러 해 동안 나와 토론하고 논쟁함으로서 나의 입장을 독려하고 내가 더욱 명쾌하게 내 생각을 정리할 수 있게 도와준 비탈리 슈비드코와 빅토르 코간 야스니 같은 뛰어난 학자들에게 한없이 고마운 마음을 전한다.

신중하게 초고를 검토해 준 오랜 친구 안토니나와 장 클로드 부이스 부부에게도 고맙다는 말을 전하고 싶다. 안토니나 부아의 섬세한 번역은 내 책의 의미와 정신을 정확히 전달하고 있다. 장 클로드는 이 책을 편집하는 과정에서 사려 깊고 창조적인 논평을 아낌없이 전해 주었다.

내 책을 읽고 책의 방향을 잃지 않도록 조언해 준 세르게이 브라긴스키에게도 고마운 마음을 전한다.

깊이 있는 정치 분석가 안드레이 코스미닌과 러시아 편집자 유리 즈도로보프는 작업 초기 단계에서 초고를 읽고 귀중한 조언을 해주었다.

이 책을 엄청나게 꼼꼼하게 읽고 온갖 도움을 아끼지 않은 에우게니아 딜렌도르프에게도 고마운 마음을 전한다.

예일 대학교 출판부 편집 팀, 주의 깊게 책의 방향을 잡아 준 사러 밀러와 내게 소중한 배움의 기회가 될 만큼 멋지게 원고를 정리해 준 댄 히튼에게도 고마운 마음이다.

바실 발하체트는 초고의 문체를 다듬어 주었다. 시간과 정성을 바친 그에게 고맙다. 출판을 준비하는 지난 2년 동안 온갖 문제를 척척 해결해 준 올가 라다예바에게도 감사의 말을 전한다.

언제나처럼 내 영감의 원천인 아내 엘레나와 동생 미하일 야블린스키 가족은 내가 이 책을 쓸 수 있는 환경을 만들어 주었다. 영원히 감사한 마음뿐이다.

모든 분들의 도움이 없었다면 이 책은 나올 수 없었다.

그리고리 야블린스키
2011년 5월 17일, 모스크바에서

주

서문

주 1. 한 가지만 예로 들자. 전 연방준비은행 총재 폴 볼커(Paul Volcker)는 2009년 2월 컬럼비아 대학교의 '자본주의와 사회 연구소' 연례 회의에서 버락 오바마 대통령의 경제회복자문의원회 의장 자격으로 연설하면서 이번의 '엄청난 경제 위기와 금융 위기'는 '자본주의와 사회에 대한 중대한 도전'으로 보아야 한다고 말했다.

주 2. 가령, 2011년 1월에 공표된 금융위기조사위원회 보고서가 내린 결론 중 한 가지는 다음과 같다. "비록 경기 순환이란 것은 사라질 수 없는 것이지만, 그렇다고 이번처럼 엄청난 위기가 발생할 이유는 없었다."

1장

주 1. 신용부도스왑이란 채무불이행 같은 신용 사건이 발생할 경우에 보장판매자(protection seller)가 보장구입자(protection buyer)에게 일정 액수(대개는 손실액)를 지급하기로 약정한 거래이다. 그 대가로 보장구매자는 판매자에게 1순위

채권을 넘기거나 회수된 대출금 일부를 지급한다. 신용부도스왑에는 여러 가지 형태가 있는데, 그 중에는 대출 회수금이 제로인 경우도 있다. 이 경우 보장판매자는, 채무자가 지급불능 상태에 빠지면, 부채 전액을 보장구입자에게 지급하게 된다.

주 2. 《파이낸셜 타임스》가 사설(2009년 3월 9일)에서 지적한 바와 같이, "사람들은 대부분 리스크 걱정을 하지 않았지만, 규제 기관과 민간 리스크 관리업체는 각각의 경제 단위가 스스로의 리스크를 관리하는 한 아무도 시스템 자체의 리스크를 신경 쓸 필요가 없다는 잘못된 전제 위에서 행동했다."

주 3. 당연한 얘기지만, 수많은 상을 받기도 한 이 경제학 모델은 오직 제한된 조건에서만 정확성을 발휘할 수 있다. 윤리 원칙 및 도덕성의 최소한인 법이 지켜진다는 조건. 만약 이러한 조건이 지켜지지 않으면, 이 모델은 무용하다. 다시 말해서, 순전히 가설적인 개념에 불과하다.

주 4. 이런 유형의 세계관은 장 자크 루소를 비롯한 공상적 이상주의자에게까지 거슬러 올라간다. 그러나 20세기의 주류 사회 이론과 경제 이론 역시 특정한 사회 발전 법칙이 존재한다는 것을 (암암리에) 전제하고 있다. 뛰어난 학자들은 이 법칙에 통달할 수 있고 이 법칙을 경제적·사회적 진보에 활용할 수 있다는 것이다.

주 5. 많은 훌륭한 업적은 단단한 기업 윤리와 도덕성에 바탕을 두고 있다. 하지만 나는 개인 대 개인의 관계나 기업 대 기업의 관계보다 도덕 원칙과, 세계 금융 시스템 및 세계 경제 및 세계 정치의 관계에 더 초점을 맞추고 있다.

2장

주 1. 물론 그렇게 단순하지는 않다. 칼뱅주의와 영국 청교도를 비롯한 여러 색

깔의 프로테스탄티즘, 교리에서, 성공적인 기업 활동과 부의 축적은 성실한 노동과 근면함의 당연한 결과가 아니라 신의 편애를 나타내는 신호이다. 하지만 이러한 논리야말로 오늘날의 도덕성 위기를 가져온 원인이다. 수백 년이 지나는 동안 엄격한 청교도 윤리는 무너졌지만, 서구 문화에서는 부와 독실한 신앙의 연관성이 사람들의 잠재의식 속에 그대로 남아 있다. 따라서 서구 사회는 이익을 보편적인 척도로 여기는 체제로 이행하는 게 비교적 쉬운 편이었다.

주 2. 그런데 이것은 진화론자들이 개인적 생존이라는 이해관계에 위배되는 특성이 인간에게 내재한다는 사실을 주장할 때 주로 사용하는 논리이다. 생물학적 존재이자 사회적 존재로서 인간이 동물 세계에서 분리되었을 때, 자연선택 과정은 개인이 아닌 (가족이나 부족 등) 공동체의 생존에 기여하는 심리적 특성을 강화했다는 것이다. 달리 말해서, 자기 자신뿐만 아니라 가족을 염려하는 공동체 성원들의 성향은 공동체의 생존에 이바지했고 결국 유전자 층위에서 인간이라는 종의 본성의 일부로 자리 잡았다는 것이다.

주 3. 냉전이 종식되고 서구 사회에서 체제 경쟁에 대한 의식이 소멸되자, 정치 영역에서도 극기와 도덕적 억제력이 약화되었다. 이것은 꽤 흥미로운 현상으로 4장에서 다룰 것이다. 사실 이러한 현상은 인간 공동체 간의 경쟁 구도가 공공 도덕을 유지하는 원동력 중 하나라는 주장에 힘을 실어 준다.

주 4. "Twenty-five People at the Heart of the Meltdown,"Guardian, 26 January 2010.

주 5. 가령, 닉 레슨(Nic Leeson. 위험한 파생금융상품 거래로 자신이 몸담고 있던 베어링스 은행을 파산에 이르게 한 인물-옮긴이)는 3년 반 동안 감옥에서 보내면서 자서전 [금융계의 불한당]을 썼다. 이 책은 베스트셀러가 되었다. 그 후에

그는 사회적 지위가 올라갔고 다양한 모임에서 높은 보수를 받으며 강연을 했다. 평범한 은행원의 운명보다 훨씬 더 재미는 운명이 아닌가.

3장

주 1. "궁극적인 차원에서 진정한 욕구와 거짓 욕구의 문제는 결국 개인들이 각자 대답해야 할 문제다. 하지만 궁극적인 차원에서만 그렇다. 개인들이 자율성을 유지할 수 없다면, 개인들이 주입과 조작의 대상이 된다면, 이 문제에 대한 그들의 대답은 그들 자신의 것이 될 수 없다." 헤르베르트 마르쿠제, 《일차원적 인간》(1964).

주 2. 이러한 주장을 수치로 증명하기는 힘들지만, 간접적인 증거는 많이 있다. 가령, (인터넷의 상용 서비스처럼)축적된 역사가 없는 완전히 새로운 산업을 제외하면, 지난 2,30년 동안 세계에서 가장 귀중한 상표 목록에 새로 추가된 상표는 거의 없다. 자동차나 가정기구, 브랜드 식료품 시장 같은 전통적인 시장은, 신규 업체가 기존의 브랜드를 취득해야 하거나 원 브랜드 소유 업체가 시장 점유를 지속적으로 늘려야 하는 상황이다. 가령, 자동차 산업에서 인도의 타타모터스는 영국의 로버자동차를 인수했고 중국의 길리자동차는 스웨덴의 볼보를 인수했다. 두 경우 모두 인수 대상 유럽 회사들이 보유하고 있는 상표나 기타 무형 자산을 이용하려는 동기가 가장 크게 작용했다. 어떤 의미에서 이러한 인수는 역사적인 명성을 구입하려는 시도로 볼 수 있다. 요즘에는 그러한 명성이 생산 활동과는 무관하게 엄청난 수익을 안겨준다. 역사적인 명성을 가진 상표와 그 명성이 소비자의 의식에 심어 놓은 모호한 분위기에서 유래하는 일종의 불로소득인 셈이다.

주 3. Speech by Lorenzo Bini Smaghi, member of the Executive Board of the ECB, Nomura Seminar, Kyoto, 15 April, 2010.

주 4. International Institute for Labour Studies, World of Work Report 2009: The Global Jobs Crisis and Beyond, Snapshot of the United States.

주 5. 나는 금융 비즈니스나 혁신 기술에 기반을 둔 기업 활동의 의미를 깎아내리려 하는 것이 아니다. 그것들이 애초에 맡았던 역할에 충실하다면, 현대 경제의 필수적인 부분이기 때문이다. 그러나 현재의 변화된 모습은 둘 다 '거품' 경제를 만드는 경향이 있다. 이 두 분야에서 가장 극심한 가격 불균형이 발생하고 있고, 총 생산물이 이런 식으로 재분배되면 위기의 잠재력이 커지게 마련이다.

주 6. 광고와 홍보, 영업 등 소비자에게 직접 영향을 미칠 수 있는 재능이 필요한 것은 사실이다. 하지만 이러한 재능이 기술자나 관리자의 재능보다 우선시되고 높이 평가되면, 경제가 위기를 향해 가는 중이라고 생각해도 된다.

주 7. 시장 조사 전문가에게서 스마트폰 사용자 중 75퍼센트가 향상된 기능을 사용할 줄 모른다는 이야기를 들었다(러시아 소비자의 경우이지만, 서방 세계라고 사정이 다를 것 같지는 않다). 스마트폰 사용설명서가 "지나치게 두껍고 이해하기 어렵다"고 말한 응답자도 70퍼센트 이상이었다. 대부분의 사용자가 스마트폰의 '혁신적인 기능'에 별 관심이 없다는 뜻이다.

주 8. 이러한 생각은 수많은 언론 기사나 여러 분야의 유력 인사들의 발언에 산재해 있다. 따라서 이러한 사고방식을 앞장서서 주장하는 사람이나 기관을 콕 짚어 지적하는 것은 적절하지 않다.

4장

주 1. 예컨대, 아시아와 아프리카, 남아메리카, 동유럽 사람들의 마음속에서

많은 유명 브랜드들은 '서양의 라이프스타일'을 상징한다. 이러한 나라들에서 현대화란 인권 존중과 공정한 기업 활동과 공정한 재판에 대한 요구보다는 코카콜라를 마시는 일이다. 그렇기 때문에 유명 상표를 보유한 업체들은 제품에다 아무 비용도 들어가지 않은 '아메리칸 드림'(혹은 '유러피언 드림')까지 덩달아 팔아 추가 수익을 올릴 수 있다.

주 2. 여기서 "기회를 박탈당했다"는 표현이 사태를 정확히 반영하는 것이 아닐 수도 있다. 역사적으로 보면, 많은 나라들은 그런 기회 때로는 여러 차례 를 얻었지만 제대로 활용하지 못했을 뿐이다. 그러나 승자와 패자의 간격이 더욱 커지고 있기 때문에, 후진 지역이 아무리 많은 자원을 쏟아 부어도 그 간격을 극복하는 것은 점점 더 어려워지고 있다.

주 3. 가령, 최근에 유럽연합에 가입한 몇몇 동유럽 국가들, 브라질이나 칠레 같은 비교적 경제 성장에 성공한 남미 국가들을 예로 들 수 있다. 하지만 앞으로 10년이나 15년 후에 다시 이 주제를 검토하면, 이 목록은 틀림없이 더 짧아질 것이고 그 내용에도 변화가 있을 것이다.

주 4. 미하일 호도르코프스키(Mikhail Khodorkovsky. 2003년 10월에 횡령 및 탈세 혐의로 구속된 러시아 석유회사 유코스의 전 회장-옮긴이)의 운명이 가장 유명하고 극적인 사례다. 이 사람의 드라마틱한 운명은 정치적 야심이나 개인적인 문제에서 비롯됐다기보다는 1990년대에 연고 자본주의(crony capitalism)의 방식으로 완전히 불투명하고 반범죄적으로 진행되었던 자산 사유화(서방 정부들의 전폭적인 지원까지 받았다)의 결과이다. 다른 많은 사람들처럼 호도로코프스키 역시 이 과정의 가담자이자 피해자였다. 비극적이기는 매한가지였던 다른 사례와의 차이점은 금융과 정치에 관련된 사안들이 훨씬 더 두드러진 사건이었다는 점이다. 1990년대의 범죄적 사유화는 2000년 이후 못마땅한 기업인을 벌주거나 기업계 전

체를 정치적으로 탄압하는 효과적인 협박 수단이 되었다.

주 5. Grigory Yavlinsky, "Need to Legitimize Large Private Property in Russia and Ways to Do So: Defining the Problem, "Voprosy Ekonomiki, no.9 (2007): 4-26; G. Yavlinsky, "Economic Legitimacy Pact," www.Gazeta.ru. 10 July 2007.

주 6. Jeffrey Sachs, interview, 15 March 2005 to discuss hos book, http://www.washingtonpost.com/wp-dyn/articles/A27201-2005 Mar 11.html.

주 7. 소련에 대한 서구의 지원 프로그램은, 소련이 민주주의와 시장 경제로 무리 없이 이행하고 세계 계제에 안정적으로 편입할 수 있도록 도와주려는 목적에서 수립되었다. 내가 참여한 프로그램은 서구 경제학자들과 소련의 경제정치연구센터(EPIcenter)의 협력 작업을 통해 1991년에 발족했다. 자세한 내용은 The Grand Bargain(New York, 1991)을 참조하라.

5장
주 1. 만일 누군가가 소련 체제가 어떤 의식적이고 명민한 계획에 따라 파괴되었다는 인상을 받았다면, 그 인상은 잘못된 것이다. 소련 체제는 1990-1991년에 소련 지도자들이 손을 놓았을 때, 구체제와 구질서를 유지하기 위한 어떤 조치도 취하지 않았을 때 저절로 무너져 내렸다. 훗날 소련의 붕괴 과정을 주관했던 경제학자들은 애초에는 급격한 체제 붕괴의 위험성을 경고했었다. 그들은 구체제의 모든 통제와 규제 요소를 보존하는 장기적이고 부드러운 이행을 지지했다. 하지만 사실상 그들이 시행한 것은 '아무 치유법 없는 충격' 정책이었다. 이는 초인플레이션(199년에는 무려 2,600퍼센트에 달했다)과 제조업의 붕괴(1992에서 1994년 동안 생산량이 50퍼센트 이상 감소했다)를 초래했다.

주 2. 1990년대에 자주 쓰인 이행기 경제(transitional economy)라는 용어는 몇 가지 단서가 필요한 규정이다. 그리고 러시아 체제의 실체적이 모습이나 이행 방향에 대해 아무것도 지시하는 바가 없기 때문에 다소 불분명한 정의이다. '준-시장(quasi-market)' 경제 혹은 '관리-시장(administrative-market)' 경제 역시 정확하지 않다. 모든 경제 체제는 절충적인 성격일 수밖에 없고 그 관리 구조 내에 모순적인 측면을 포함할 수밖에 없기 때문이다.

6장

주 1. 애덤 스미스의 임대 수익에 대한 해석이 좋은 예가 될 수 있다. 스미스에 따르면, 집을 임대하는 것은 집 주인에게는 쏠쏠한 이익이 되지만, 사회 전체의 수익이나 번영에 기여하는 바는 없다. 임대는 그 자체로 경제 활동이 아니고, 세입자가 주인에게 지불하는 돈은 임차인이 다른 실제의 경제 활동을 통해 벌어야 하는 돈이기 때문이다. 스미스는 [국부론]에서 다음과 같이 쓰고 있다. "주택은 그 자체로 거주자의 수익을 전혀 늘리지 않는다. 만약 집을 어떤 임차인에게 임대해 주면, 집 자체는 아무것도 생산하지 않기 때문에, 임차인은 언제나 다른 방식으로 얻은 수익에서 임대료를 지불해야 한다." 물론 집 주인에게는 임대료라는 수익을 벌어 주지만, "국민 전체의 수익은 조금도 증가하지 않는다." P. J. 오루크(P. J. O'Rourke), [파이낸셜 타임스], 2009년 2월 10일.

주 2. 세계화는 또한 우리의 도덕 기준을 왜곡했다. 세계화는 부유한 사람들, 특히 자신이 거주하는 나라가 아닌 다른 나라에서 돈을 벌어들이는 사람들의 사회·정치적 책임을 약화시켰다. 거의 모든 층위에서 정치의 수준이 떨어지면서 대중의 평판 기준은 조롱거리로 전락했다. 온갖 문화가 뒤섞이면서 행동 방식에도 변화가 일었다. 예컨대, 우리는 약속을 지키는 것에 별다른 중요성을 부여하지 않는 문화의 등장을 목격했다. 정치 및 경제 엘리트 집단, 특히 소련 붕괴 이후의 엘리트

집단은 무책임이 삶의 규범이고 말이라는 것은 단지 의례적인 것에 불과하다는 습성에 물들어 있다. '네'라는 대답을 듣는다 해도, 이것이 별 뜻 없는 예의상 표현일지 모른다는 점을 감안해야 한다. 결국 이러한 문화가 널리 퍼진 것은 극히 위험한 결과를 초래했다.

주 3. (지혜의 슬픔)(188). 러시아의 극작가이자 시인이며 작곡가인 그리보예도프는 이란으로 파견된 러시아 외교 사절단의 수장이었다. 이 사절단은 테헤란에서 종교적 광신도 무리에게 모두 살해당했다.

주 4. 1948년 12월 10일 유엔 총회에서 채택된 '세계인권선언'의 역사적 의의를 과소평가해서는 안 된다. 유엔이 선언문을 공표하고 "학교와 기타 교육 기관에 유포해서 널리 알리고 읽히고 가르치게" 한 것은, 세계인권선언을 통해 성립된 가치관을 배우고 체화시킨 지도자 세대를 키우는 데 중요한 역할을 했다.

결론

주 1. Euronews, 7 May 2010.

주 2. 자크 아탈리를 다시 인용한다. "위기의 시작은 미국의 서브프라임 사태였다. 비용은 100억 달러에 그쳤을 것이다. 하지만 아무 조치도 취해지지 않았다. 결국 세계 금융 위기로 번지면서 5,000억 달러나 쏟아 부어야 할 지경이 되었다. … 하지만 이번에도 아무 조치도 취해지지 않았다. 결국 모두 합쳐 7조 내지 8조 달러에 달하는 국가 부채의 위기가 닥치고 말았다." (유로뉴스), 2010년 5월 7일

참고문헌

Ahamed, Liaquat. 'Loads of Finance: The Banker Who Broke the World'. New York: Penguin, 2009.

Akerlof, George. A., and Robert J. Schiller. 'Animal Spirits: How Human Psychology Drives the Economy, and Why It Matters for Global Capitalism'. Princeton: Princeton University Press, 2009.

Allison, Graham, and Grigory Yavlinsky, eds. 'Window of Opportunity: The Grand Bargain for Democracy in the Soviet Union'. New York: Pantheon, 1991.

Attali, Jacques. 'A Brief History of the Future: A Brave and Controversial Look at the Twenty-First Century'. Trans. Jeremy Leggatt. 2006; New York: Arcade, 2009.

Bernstein, Peter L. 'Capital Ideas Evolving'. Hoboken, N.J.: Wiley. 2009.

Buzgalin, A. V., ed. 'Transformatsionnaia ekonomika Rossii' [Transformational economy of Russia]. Moscow: Finansy i statistika, 2006.

Cohan, William D. 'House of Cards: A Tale of Hubris and Wretched Excess of

Wall Street.' New York: Doubleday, 2009.

Cooper, George. 'The Origin of Financial Crises: Central Banks, Credit Bubbles, and the Efficient Market Fallacy.' New York: Vintage, 2008.

Einhorn, David. 'Fooling Some of the People All of the Time: A long Short Story.' Updated and rev. Wiley, 2008.

Fleckenstein, William A. 'Greenspan's Bubbles: The Age of Ignorance at the Federal Reserve.' New York: McGraw-Hill, 2008.

Gaddis, John Lewis. 'The Cold War: A New History.' New York: Penguin, 2005.

Galbraith, James K. 'The Predator State: How Conservatives Abandoned the Free Market and Why Liberals Should Too.' New York: Free Press, 2008.

Gilman, Martin. 'Defolt, kotorogo moglo i ne byt'[The default that could have been avoided]. Moscow: Vremya, 2009.

Gilpin, Robert, with the assistance of Jean Millis Gilpin. 'The Challenge of Global Capitalism: The World Economy in the 21st Century.' Princeton: Princeton University Press, 2002.

Grant, James. 'Mr. Market Miscalculates: The Bubble Years and Beyond.' Edinburg, Va.: Axios, 2008.

Greenspan, Alan. 'The Age of Turbulence: Adventures in a New World.' New York: penguin, 2008.

Klein, Naomi. 'No Logo: No Space, No Choice, No Jobs.' New York: Picador, 2002.

——'The Shock Doctrine: The Rise of Disaster Capitalism.' New York: Picador, 2008.

Krugman, Paul. 'The Conscience of a Liberal.' New York: Norton, 2007.

——'The Great Unraveling: Losing Our Way in the New Century.' New York:

Norton, 2004.

——'The Return of Depression Economics and the Crisis of 2008.' New York: Norton. 2009.

Lewis, Michael, ed. 'Panic: The Story of Modern Financial Insanity. New York: Norton, 2009.

—— ed. 'The Real Price of Everything: Rediscovering the Six Classics of Economics.' Sterling, 2008.

Mau, Vladimir. 'Institutsional'nye predposylki sovremennogo ekonomicheskogo rosta[Institutional prerequisites for modern economic growth].' Moscow: IEPP, 2007.

Minsky, Hyman, Stabilizing an Unstable Economy. McGraw-Hill, 2008.

Morris, Charles R. The Two Trillion Dollar Meltdown: Easy Mony, High Rollers, and the Great Credit Crash. New York: Public Affairs, 2009.

Muolo, Paul, and Matthew Padilla. 'Chain of Blame: How Wall Street Caused the Mortgage and Credit Crisis.' Hoboke, N.J.: Wiley, 2008.

Phillips, Kevin. 'Bad Money: Reckless Finance, Failed Politics, and the Global Crisis of American Capitalism.' New York: Penguin, 2009.

Reich, Robert B. 'Supercapitalism: The Transformation of Business, Democracy, and Everyday life.' New York: Vintage, 2008.

Sachs, Jeffrey. 'Common Wealth: Economics for a Crowded Planet.' New York: Penguin, 2009.

——'The End of Poverty: Economic Possibilities of Our Time.' New York: Penguin, 2006.

Schiller, Robert J. 'The Subprime Solution: How Today's Global Financial Crisis Happened and What to Do about It.' Princeton: Princeton University Press, 2008.

Smick, David M. 'The world Is Curved: Hidden Dangers to the Global Economy.' New York: Portfolio, 2008.

Soros, George. 'The New Paradigm for Financial Market: The Credit Crisis of 2008 and What It Means.' New York: Public Affairs, 2008.

Stiglitz, Joseph E. 'Globalization and Its Discontents. New York: Norton, 2003.
——'Making Globalization Work. New York: Norton, 2007.

Taylor, John B. 'Getting Off Track: How Government Actions and Interventions Caused, Prolonged, and Worsened the Financial Crisis.' Stanford: Hoover Institution Press, 2009.

Wolf Martin. 'Fixing Global Finance.' Baltimore: Johns Hopkins University Press, 2008.

Woods, Thomas E., Jr. 'Meltdown: A Free-Market Look at Why the Stock Market Collapsed, the Economy Tanked, and Government Bailouts Will Make Things Worse.' Washington, D.C.: Regnery, 2009.

Yankelovich, Daniel. 'Profit with Honor: The New Stage of Market Capitalism.' Yale University Press, 2007.

Yavlinsky, Grigory. 'Demodernizatsiia [Demodernisation].' Moscow: Epicenter, 2002.
——'Laissez-Faire versus Policy-Led Transformation: Lessons of the Economic Reforms in Russia.' Moscow: Epicenter, 1994.
——'Periferiinyi kapitalizm [Peripheral capitalism].' Moscow: Epicenter, 2003.
——'Perspektivy Rossii. Ekonomicheskii i politicheskii vzgliad [Russia's prospects: An economic and political view].' Moscow: Galleia-print, 2006.
——'Rossiiskaia ekonomicheskaia sistema: Nastoiashchee i budushchee [The Russian economic system: Today and tomorrow].' Moscow: Medium, 2007.
——"Russia's Phony Capitalism." 'Foreign Affairs 77'(1998): 67-79.

Yavlinsky, Grigory, and Serguey Braguinsky. 'Incentives and Institutions: The Transition to a Market Economy in Russia. Princeton: Princeton University Press, 2000.

——"The Inefficiency of Laissez-Faire in Russia: Hysteresis Effects and the Need for Policy-Led Transformation." 'Journal of Comparative Economics.' 19 (1994): 88-116.

——'Stimuly i Instituty: Perekhod k rynochnok ekonomike v Rossii [Incentives and institutions: The transition to a market economy in Russia].' Moscow: GU VShE, 2007.

Yavlinsky, Grigory, et al. '500 Days: Transition to the Market Economy.' Ed. David Kushner. New York: St. Martin's, 1991.

레알에코노믹

1쇄 인쇄 2012년 5월 9일
1쇄 발행 2012년 5월 15일

지은이 그리고리 야블린스키 · **옮긴이** 안토니나 W. 부이스 · 임재서
펴낸곳 도서출판 말글빛냄 · **인쇄** 삼화인쇄(주)
펴낸이 박승규 · **마케팅** 최윤석 · **디자인** 진미나
주소 서울시 마포구 서교동 463-3 성화빌딩 5층
전화 325-5051 · **팩스** 325-5771 · **홈페이지** www.wordsbook.co.kr
등록 2004년 3월 12일 제313-2004-000062호
ISBN 978-89-92114-76-9   03320
가격 13,000원

*잘못된 책은 바꾸어 드립니다.